本书为广西财经学院博士启动立项课题“全媒体传播体系下广西传统媒体与新兴媒体融合路径研究”（BS2020018）和“广西教育厅海上丝路建设背景下中国东盟信息共享机制研究”（KY2016YB010）以及广西区教改课题“基于政校媒合作的卓越新闻传播人才培养探索与实践”（2020JGZ148）的研究成果

中国外商直接投资的环境效应研究

李杰锋 著

燕山大学出版社
·秦皇岛·

图书在版编目（CIP）数据

中国外商直接投资的环境效应研究 / 李杰锋著．一秦皇岛：燕山大学出版社，2021.5
（2026.1重印）
ISBN 978-7-5761-0125-6

Ⅰ．①中… Ⅱ．①李… Ⅲ．①外商直接投资－研究－中国 Ⅳ.①F832.6

中国版本图书馆 CIP 数据核字（2020）第 247198 号

中国外商直接投资的环境效应研究

李杰锋 著

出 版 人：陈 玉
责任编辑：孙志强
封面设计：刘韦希
出版发行：燕山大学出版社 YANSHAN UNIVERSITY PRESS
地 址：河北省秦皇岛市河北大街西段 438 号
邮政编码：066004
电 话：0335-8387555
印 刷：廊坊市印艺阁数字科技有限公司
经 销：全国新华书店

开 本：700mm×1000mm 1/16　印 张：11.25　字 数：170 千字
版 次：2021 年 5 月第 1 版　印 次：2026 年 1 月第3 次印刷
书 号：ISBN 978-7-5761-0125-6
定 价：45.00 元

前　言

2008年全球性经济危机爆发，此后世界经济进入缓慢复苏的进程中。中国尽管在金融危机后迅速出台了投资计划，但不可否认，过去依靠资源、廉价劳动力驱动的粗放型经济增长方式已不可持续。特别是中国进入新时代以来，转变经济增长方式成为中央经济工作内容的重点。在经济建设中也出现了一些弊端，如各地区为采取多种手段“招商引资”，甚至降低环境规制水平，导致我国生态环境遭受了严重的破坏，水气污染、雾霾等问题对居民的生活和生命构成了严重威胁。十八大以来中央加强了生态文明建设，实施了最严格的生态环境保护制度。这些说明，随着中国经济结构的转变和对环境态度的调整，地方通过吸引外商投资发展经济这一行为对环境的影响方向和路径可能发生改变。

现阶段，关于外商直接投资的环境效应已获得了大量的研究，在中国经验上，“污染天堂”“污染光环”以及非线性关系的结论均存在。这些研究为本书奠定了方向基础，并提供了思路借鉴。但是，在十八大前后，地方政府的引资竞争程度、政府官员对生态环境的态度已发生了很大的变化，因此，以往学者只讨论任何一个阶段或者将前后两个阶段纳入一个样本中分析都会造成结论的不准确。本书认为，十八大以来影响外商直接投资环境效应的外部因素有三个方面：首先，近几年中央对环境的监察力度不断加强，也迫使企业降低污染排放，甚至加大生态创新；其次，2012年以来中央对地方政府官员的考核指标进行了调整，将资源节约、环境保护等纳入考核系统中，也会降低地方政府的引资冲动，同时也会增加环保投入；最后，居民环保意识和媒体监督力量不断增加也改变了政府的行为，但是由于我国地区间发展不平衡，居民在收入增长和环境需求之间的偏好不同也会使得社会过滤因子会影响外商投资与环境污染的关系。基于此，本书考虑新时代背景，沿着“环境规制加强下外商直接投资是否会产生生态创新溢出”“官员考核方式转变下地方政府是否会降低引资竞争”“社会过滤差异不断扩大是否导致外商直接投资与环境污染的关系存在地区差异”这三条路径，系统性地分析中国外商直接投资的环境效应问题。

通过选取256个地级市面板数据，同时利用空间面板数据模型，分析得出了如下结论：

（1）我国外商直接投资的整体规模连续上升，分行业看，第三产业增长速度最快，成为外商直接投资的主要来源。分地区看，东部地区外商直接投资规模最大，外商直接投资最高的城市主要分布在东部地区；西部最小，且从近两年看，东部有较大幅度回落，而中部仍有上升，地区间差距有所缩小。我国工业环境污染排放量呈现先升后降的趋势，在近几年环境质量有所好转。从行业结构看，高能耗、高污染行业的污染排放量比例有所下降。从地区角度看，东部地区城市工业污染排放量最高，中、西部城市最低，但地区间比例变化不明显。统计描述分析初步表明外商直接投资与环境污染的相关性先正后负。

（2）在考虑新时代我国对生态环境的态度和政策转变的背景下，将样本期划分为2004—2011年和2012—2016年两个不同时期，识别我国外商直接投资规模不断扩大背景下，环境污染先增后降的根本原因及其差异。实证得出，在2004—2011年，外商直接投资会直接通过生产技术创新溢出间接导致环境污染加剧，外商直接投资的环境效应符合“污染天堂”假说；而在2012—2016年，外商直接投资会直接通过生态技术创新溢出间接降低工业环境污染，外商直接投资的环境效应符合“污染光环”假说。由此表明新时代中央环境政策转变下的FDI生态技术创新的溢出是促进工业污染排放减少的主要因素。

（3）在考虑我国地方政府官员晋升考核指标转变的背景下，探讨地方政府官员考核方式转变是否影响外商直接投资与环境污染的关系。实证得出，在2004—2011年，地方政府的经济竞争促进了地方政府趋劣型吸引外资，外商直接投资会导致环境污染加剧，符合“污染天堂”假说；而在2012—2016年，多元化考核系统下，地方政府会选择性引进外资，同时加大环境治理，外商直接投资会降低工业环境污染，符合“污染光环”假说。由此表明地方政府官员考核方式将会改变地方政府的工作方向和经济发展方式，显著地影响外商直接投资的环境效应。

（4）在外商直接投资环境效应可能存在地区异质的背景下，从社会过滤角度出发，对2004—2011年和2012—2016年不同地区间外商直接投资的环境效应进行分析。实证得出，社会过滤对外商直接投资的环境污染效应存在负向调节作用。在2004—2011年，东、中、西部地区社会过滤程度均低于环境污染效应由正转负的临界值，因此三个地区外商直接投资对环境污染均存在正影响；而在2012—2016年，东部地区的社会过滤程度超出临界值，而中、西部地区的社会过滤程度仍然低于临界值，使得东部地区存在外商直接投资环境污染负效应，而中、西部地区仍然存在外商直接投资环境污染正效应。由此表明社会过滤会影响地区对于外商直接投资的生态溢出的吸收和消化能力，最终影响地区外商直接投资的环境效应水平。

本书共分为七个章节。各章节具体安排如下：

第1章绪论。本章主要介绍选题背景和研究意义，在此基础上提出了本书的研究思路、研究机制和逻辑、内容框架及研究方法，进一步提出了本书研究创新点及不足，同时也对一些基本概念进行了界定，方便后文的阐述。

第2章理论基础和文献综述。在对外商直接投资环境效应的基础理论和中国经验理论进行介绍后，相关文献基本沿着三部分来进行梳理：关于外商直接投资通过创新溢出影响环境、关于地方政府竞争影响外商直接投资与环境、关于社会过滤机制影响外商直接投资与环境等。在对文献进行基本梳理和评述后，思路逐渐清晰，也引出了本书要研究的三个问题。

第3章我国外商直接投资和环境污染的演变分析。本章主要是梳理清楚我国外资引进政策和环境保护政策与工作的历史演变，并在此基础上利用整理好的数据对我国外商直接投资利用和环境污染水平进行了全方位的统计描述，为后面重点论述的三个问题提供理性认识。

第4章集中探讨本书关注的第一个问题，即外商直接投资、生态创新溢出与环境污染。本章首先通过文献归纳提出该问题的理论假说，再利用《中国城市统计年鉴》整理出的全国267个地级市数据库对理论假说进行实证检验，结果发现，在2004—2011年，外商直接投资会直接和通过生产技术创新溢出间接导致环境污染加剧，外商直接投资的环境效应符合“污染天堂”假说；而在2012—2016年，外商直接投资会直接和通过生态技术创新溢出间接降低工业环境污染，外商直接投资的环境效应符合“污染光环”假说。由此表明新时代前后外商直接投资的环境效应发生了改变，而中央环境政策转变下的FDI生态技术创新的溢出是促进工业污染排放减少的主要因素。

第5章重在探讨本书关注的第二个问题，即外商直接投资、官员考核方式与环境污染。本章在考虑我国地方政府官员晋升考核指标转变的背景下，根据GDP考核方式和将生态环境、资源节约纳入考核系统中的多元化考核方式，将样本期划分为2004—2011年和2012—2016年两个时期，利用地级市面板数据及空间面板数据模型，分析我国外商直接投资与环境污染的关系，同时探索环境污染先增后降的原因。结果表明，地方政府官员考核方式将会改变地方政府的工作方向和经济发展方式，显著地影响外商直接投资的环境效应。

第6章关注本书研究的第三个问题，即外商直接投资、地区社会过滤与环境污染。本章在外商直接投资环境效应可能存在地区异质的背景下，从社会过滤角度出发，对2004—2011年和2012—2016年不同地区间外商直接投资的环境效应进行分析，讨论地区间社会过滤程度不同能否解释这一结论的差异性。采用分阶段的估计结果发现，社会过滤对外商直接投资的环境污染效应存在负向调节作用。由此表明，社会过滤会影响地区对于外商直接投资的生态溢出的吸收和消化能力，最终影响地区外商直接投资的环境效应水平。

第7章结论与政策建议。本章对本书主要研究结论进行回顾和总结，并提出相应政策建议，最后针对本书研究不足谈了未来的研究展望。

本书的研究创新点主要体现在以下几个方面：

（1）考虑中国新时代背景下研究这一社会热点课题。本书认为，近几年的文献忽略了中国新时代背景下体制环境和社会发展的变化。党的十八大以来中央对生态环境保护提出了更高的要求，明确提出建设“美丽中国”，对全国各省、市、自治区进行了严格的环保督查。环境规制的加强驱使社会生产方式的转变，内外资企业不得不加大污染排放治理。2012年以来，国家对地方政府官员考核的转变也解绑了官员晋升与经济增长的关联度，环境保护纳入了考核系统，也在很大程度上减缓了地方政府间的经济竞争和对环境政策“执行不完全”的态度。此外，居民环保意识和对生活质量需求的提高，也倒逼地方政府加大环境保护的投入力度。因此，考虑新时代背景下，本书对外商直接投资环境效应重新展开研究，同时与2004—2011年展开对比，力求丰富这一课题在新时代的理论发展和实践指导意义，也能为以往学者结论不一致提供解释机制。

（2）构建了FDI环境效应分析的理论机制。本书将社会、政府、企业三个经济主体系统纳入FDI的环境效应理论分析框架下，厘清三者之间的内在联系，为实证分析奠定方向基础。首先，随着地区社会的发展，会形成三种社会过滤机制直接影响外商直接投资的环境效应，同时也会间接促进政府部门响应社会需求，进而影响外商直接投资的环境效应。其次，地方政府的治理行为也受到中央政策和官员个人利益的影响。企业在社会过滤机制和地方政府态度转变的外部制约下，对绿色生产和生态创新的态度有所改变。这三者存在着很强的逻辑关系，共同调节着外商直接投资的环境效应。

（3）将外商直接投资的创新溢出效应分解为生产性创新和生态型创新。“污染光环”假说以及较多的实证研究指出外商直接投资存在更加先进的技术会产生技术外溢，能降低环境污染，但是现实中我国的环境污染问题却日益严峻，显然理论与现实不一致，但很少学者发现和深层次探讨这一问题。本书认为，外商企业来东道主地区投资建厂，必然存在比较优势，比如生产效率、产品质量、研发技术等，但是即使这些技术存在技术外溢也是企业生产经营方面的，而非环境生态方面，外商直接投资只有产生生态技术的环保型创新溢出才能对环境污染产生正面作用。因此，只有将外商直接投资的创新溢出进行生产性创新溢出和生态型创新溢出分解，才能判别“污染光环”在中国是否成立。因此，不同于以往文献将创新看成一个整体，本书借鉴Hamamoto（2006）提出的方法，将地区总研发投入分解为生产性研发投入和生态型研发投入，分析外商直接投资是否通过生态型创新溢出影响地区环境污染。

（4）从社会过滤的角度探索地区间外商直接投资环境效应的差异性。社会过滤是指由阻碍一个区域创新系统或综合系统成功发展的成分因素组成的一种社会因子，它会使本应朝着正常规律前进的事件不发生，甚至逆向发展，如经济落后地区由于存在较强的社会过滤，使得中央环境规制对地区的环境污染敏感度大大减弱，或者外商直接投资技术创新的溢出能力很低，最终影响外商直接投资的环境正效应。以往很多学者得出了不同地区外商直接投资与环境污染关系不同的结论，但很少能给出原因分析，本书试图从社会过滤的角度进行验证。

由于时间比较仓促，加之水平有限，有些内容考虑得还不够完善，此书出版之后，笔者将虚心听取同行们的意见和建议，进一步修改完善，争取再版时能达到一个新高度。

目　　录

第1章 绪　　论

1.1 选题背景

改革开放以来我国经济和社会发展取得了举世瞩目的成就，但是在发展过程中由于没有现成的经验借鉴，因此产生了一系列的问题，其中生态环境污染问题尤为严重。进入中国经济新常态以来，“重经济轻环境”“先污染后治理”的这条道路已不可持续，其不仅对人类生活环境和生态系统产生了破坏，同时也阻碍了经济的健康稳定发展，这也促使人们对经济增长和环境污染的关系问题进行思考，寻求二者的平衡点。党的十九大报告指出：“要把我国建设成为富强民主文明和谐美丽的社会主义现代化强国。”社会主义现代化奋斗目标从“富强民主文明和谐”进一步拓展为“富强民主文明和谐美丽”，“五位一体”总体布局与现代化建设目标有了更好对接。这表明经济兼顾环境的发展方式得以确立，“环境就是民生，青山就是美丽，蓝天也是幸福”。与此同时，报告中还明确提出“实行最严格的生态环境保护制度，形成绿色发展方式和生活方式，坚定走生产发展、生活富裕、生态良好的文明发展道路，建设美丽中国，为人民创造良好生产生活环境”。这表明今后无论对地方经济发展贡献多大的内外资企业，只要对环境产生污染就要受到惩罚。

外商直接投资是我国很多地方政府在内部资本缺乏下的一种促进经济发展的手段。由于外商投资企业质量的参差不齐，以及我国政府对企业环境污染行为管理上的缺漏，使得外商直接投资经常被看成是环境污染的罪魁祸首，也使得近几年有关外商直接投资的环境效应问题受到了大量学者的关注和研究。一大批国内外学者讨论并实证分析了外商直接投资与环境污染的关系，但是所得的结论并不一致，“污染天堂”“污染光环”甚至不影响结论均存在。随后一些学者又考虑了哪些变量会影响二者的关系，主要包括两个方面：一是探讨外商直接投资是否会通过创新效应影响环境污染，即判断外商直接投资是否存在技术溢出；二是探讨制度因素是否对外商直接投资的环境效应产生影响，主要判断地方政府的“引资竞争”是否导致环境规制程度减弱而加剧了环境污染。

以往学者的分析为本书奠定了研究基础，同时也提供了思路借鉴，但是，后来学者关于外商直接投资环境效应这一问题的分析仍然停留在过去的传统思维中，导致了大量的重复性研究，显然与现实状况脱节。2008年全球性金融危机以来，我国宏观经济进入了结构调整转型期，特别是在2012年以来，我国国内生产总值增长速度下降到8%以下，这表明我国经济发展进入了新常态的新时代，驱动经济增长的要素、政府官员的考核方式、社会结构、民众意识形态都发生了巨大改变。因此，对比2004—2011年和2012—2016年外商直接投资与环境污染的关系可能不同。

首先，以往学者在分析外商直接投资是否通过创新效应影响环境污染时，未考虑统计假象问题。对于发展中国家，大多数经济指标存在协整关系，包括外商直接投资和企业创新投入（或创新产出），这很容易导致二者存在统计上的正相关，得出外商直接投资会产生技术溢出降低东道主地区环境污染的“污染光环”结论。然而，这一结论与现实不一致，现实中我国环境污染未减反增。而之所以出现结论与现实相违背的情况，原因在于大多数学者未将企业创新按生产性创新和生态型创新分开。进入2012—2016年后，我国越来越重视生态环境的保护，对企业的生产采取了更高的环境标准，这使得企业不得不加大生产过程中的排污创新，因此外商直接投资只有产生生态型创新才能降低地区环境污染，真正实现“污染光环”。

其次，我国对地方政府官员的政绩考核方式发生了转变。过去在“以经济建设为中心”路线下上级政府对下级政府官员的考核主要以地区经济增长为主，这也使得地方政府有足够的动机采取各种优惠措施“招商引资”，甚至采取主动降低环境标准这种“逐底竞赛”的方式来吸引更多的外商直接投资，导致一些高污染外资企业流入，对环境污染产生负面影响。2012年，党的十八大报告指出，要把资源消耗、环境损害、生态效益纳入经济社会发展评价体系，建立体现生态文明要求的目标体系、考核办法、奖惩机制。2013年中央组织部更是出台《关于改进地方党政领导班子和领导干部政绩考核工作的通知》，明确指出政绩考核不能仅仅把地区生产总值及增长率作为晋升考核评价主要指标，强化约束性指标考核，加大资源消耗、环境保护、消化产能过剩、安全生产等指标权重。这说明我国中央对地方发展的要求已经发生转变，“以GDP论英雄”的时代已经过去，进入了包括地方官员生态考核在内的“新时代”。

最后，逐渐增强的民众环保意识和媒体监督力量也迫使地方政府加大环境保护力度，降低了政府与大企业之间的暗箱操作。居民环保意识的增强，对外商投资企业对东道主地区的生产污染起到了约束机制，游达明和杨金辉（2017）分析指出，较高的公众举报概率可以促进企业选择生态技术创新，同时节省政府的监管成本。不过，居民的环保意识更有可能建立在收入基础上。在我国，地区间的发展不平衡非常明显，对于经济落后的中、西部地区，居民对收入增长的关心度很可能超过生态环境，使得地方政府有机会对中央的环境规制政策采取“非完全执行”的态度，导致外商直接投资进入加重了地区环境污染；而对于经济较发达的东部地区，产业结构已经进入工业化后期阶段，居民对生活质量的要求更高，使得官员更加注重环境保护，在引进外商资本时也优先考虑绿色、附加值高的企业。这表明外商直接投资的环境效应很可能存在区域差异，而造成这种差异的根源可能是潜在的社会过滤机制，后者是在2012—2016年阶段逐渐体现出来的。

结合以上分析，可以发现在新时代，地方政府仍然面临着发展经济和保护环境的双重压力，但是政府所面临的制度环境和社会环境发生了很大变化。以往学者的分析基本上未考虑到2012—2016年外部环境的变化对外商直接投资环境效应的影响，导致结论与现实的不一致，也使得政府难以获得准确的政策依据。基于此，本书立足于新时代背景，从外商直接投资对环境污染的生态创新溢出、政府对官员考核方式转变、不同地区社会过滤机制异同三个角度对外商直接投资的环境效应进行重新检验，以期得到更为新颖的结论。

1.2 研究意义

本书的研究内容有理论和实践两个方面的意义。

1.2.1 理论意义

1.有助于丰富中国新时代新发展高度下外资与环境的关系理论

党的十九大对我国生态文明建设和生态环境保护提出了新目标，同时也对我国建设社会主义现代化强国提出了新任务，二者并不是矛盾的，而是相互统一的。但是，在实践中，如何处理好经济发展与生态环境之间的关系，如何处理好引进外资技术与外资环境污染之间的关系，这是摆在中国人民眼前的重大问题，也将影响新时代中国现代化强国能否顺利实现。以往学者对利用外资对环境生态的影响机制和影响方向进行了理论分析，但是这些理论主要建立在发展中国家将经济发展态度优于环境保护态度的基础上，而随着中国经济进入新常态和对生态环境态度的转变，这些理论分析具有一定的局限性。为此本书的研究将进一步丰富和发展新时代中国利用外资和环境保护之间的关系理论，也实践和体现了习近平新时代中国特色社会主义思想的伟大真谛。

2.有助于为缓解新时代我国社会主要矛盾提供理论支撑

十九大报告中提出："中国特色社会主义进入新时代，我国社会主要矛盾已经转化为人民日益增长的美好生活需要和不平衡不充分的发展之间的矛盾。"不平衡不充分的发展可以理解为两个方面，一是经济得到发展，环境却受污染了，即经济与环境之间的矛盾；二是地区间发展不平衡，即地区与地区之间的矛盾。对于第一个方面，本书通过对新时代外商直接投资与环境污染关系的系统性研究，为掌握二者之间的相互影响规律及通过制度上的调整调节二者的关系提供一种理论机制支持；对于第二个方面，当前我国地区间经济和社会发展确实不平衡，东部地区经济发展水平较高，利用外商投资规模较大，人民对生态环境的要求也较高，而中、西部地区经济发展水平较低，民众对于经济发展、收入提高的需求更加强烈，如何既能满足不同地区民众的要求，又能兼顾生态环境，是现阶段需要思考和探索的一个问题，在社会过滤机制可能对地区发展产生异质效果下，以往“一刀切”的政策、制度已经不能满足全国的需要。为此，本书的研究能为此提供一些理论上的指导。

1.2.2 实践意义

1.为现有文献关于外商直接投资环境效应的不一致结论提供解释

国内外现有关于外商直接投资与环境污染关系的中国经验研究已很多，这些学者通过选取不同的样本、方法、指标进行了大量的检验，但所得到的结论不一致。本书认为，现实中外商直接投资与环境污染并不是简单的促进或抑制的关系，要正确判断二者的关系，需要系统性地分析，不仅要考虑外商资本和污染源的异质性，同时要考察不同的经济发展阶段和社会背景。不同的发展阶段对外商直接投资的行业筛选、民众对生态环境的要求都是不同的，这也会反馈到外商直接投资环境效应的结论中。基于此，本书撇弃以往研究的传统思维，考虑新时代背景对二者关系重新检验，能为现有文献的不一致结论提供解释，也有助于丰富该课题的中国经验。

2.为政府处理好经济发展和环境污染等民生问题提供决策思路

改革开放以来我国“以经济建设为中心”的基本路线有其合理性，也符合时代要求，但是，这条基本路线的确立使得从上到下各级地方政府将发展本地经济作为工作重点，纷纷出台各种优惠政策来吸引外资进驻，同时地方政府官员的考核中经济增长指标权重很大，也进一步推动政府官员不惜牺牲当地环境和居民生活福利，大力发展高能耗、高污染的产业，结果在经济增长的同时环境污染也日益严重。显然，从今天看，过去的经济增长方式不可持续，在新时代背景下，需要政策和制度上的优化来转变经济增长方式，使经济发展与环境保护回归平衡。本书在新时代背景下研究外商直接投资的生态创新效应、政府官员考核系统转变和社会过滤对外商直接投资环境效应的影响，有助于政府部门认识到哪些制度和政策上的调整有利于改善经济与环境的关系，为改进制度安排提供决策依据。

3.为促进我国企业更好对外“走出去”提供参考依据

近几年来，随着经济全球化发展和我国企业竞争力不断上升，国内企业也纷纷“走出去”，对其他国家特别是发展中国家进行投资，这在带动当地经济发展的同时，也可能会对当地的环境产生影响，而后者可能会对企业和中国的名誉带来负面效应，甚至会使企业遭受巨额罚款，不利于企业的长期发展。例如，在中国对肯尼亚蒙内铁路进行建设时，可能对当地的动物保护区环境生态产生影响，如何协调投资与环境的关系将是今后国内企业对外投资过程中必须考虑的问题。而本书以中国为东道主国家的经验研究有助于为这些企业提供决策思路，在提高投资过程中的环保创新能力、选取合适的投资目的地国家、与当地政府的沟通等方面提供一定的参考。此外，本书的研究结论也为一些发展中国家在面对吸引外商直接投资以发展本地经济和保护居民生活环境这一矛盾问题时提供思路借鉴。

1.3 框架、内容及方法

1.3.1 研究框架

本书紧扣新时代背景研究“外商直接投资的环境效应”这一传统课题。考虑到现有文献关于外商直接投资与环境污染的关系结论并不一致，本书认为不仅仅是所取样本、方法、模型不同的原因，更重要在于经济和社会发展阶段的变化。不同的发展阶段对外商直接投资的行业筛选、民众对生态环境的要求都是不同的，这也会反馈到外商直接投资环境效应中。首先，近几年中央对环境的监察力度不断加强，也迫使企业降低污染排放，甚至加大生态创新；其次，2012年以来中央对地方政府官员的考核指标进行了调整，将资源节约、环境保护等纳入考核系统中，也会降低地方政府的引资冲动，同时增加环保投入；最后，居民环保意识和媒体监督力量不断增强也迫使政府不断调整行为，但是由于我国地区间发展不平衡，居民在收入增长和环境需求之间的偏好不同使得社会过滤因子会影响外商投资与环境污染的关系。因此，本书的研究目标沿着新时代“环境规制加强下外商直接投资是否会产生生态创新溢出”“官员考核方式转变下地方政府是否会降低引资竞争”“社会过滤差异不断扩大是否导致外商直接投资与环境污染的关系存在地区差异”这三条路径，系统性地分析新时代外商直接投资的环境效应问题。

2012年，中国国内生产总值增速首次跌破8%，被普遍认为是中国经济增速放缓、经济进入转型调整期的信号。另一方面，中国的环境污染问题日益严重，“雾霾”、“汽车尾气”的空气污染问题、“江河污染”的水污染问题、企业化工产品电子产品废弃物的土地污染问题受到社会各界的强烈关注，政府连年增加环境污染治理投资额、连续出台环境保护法律法规，但污染排放量不减反增。中国居民对环境污染也由可容忍逐渐转变为不能容忍，对绿色生态环境的呼声越来越高。“要环境还是要发展”“如何促进经济发展与环境保护二者平衡”等问题引来了激烈讨论。在此背景下，来自市场中三个组织（社会、政府和企业）在引资及环境治理态度上发生了转变。

结合本书的实证内容，本节将社会、政府和企业三个经济主体纳入外商直接投资的环境效应理论分析框架内，厘清三者之间的内在联系，为实证分析奠定方向基础。

首先，随着地区社会的发展，会形成三种社会过滤机制直接影响外商直接投资的环境效应，同时也会间接促进政府部门响应社会需求，进而影响外商直接投资的环境效应。在经济发达的地区，居民收入水平高、产业结构优化、科研型人才也不断流向这些地区，相反在经济落后的地区，居民收入水平低，产业结构以一、二产业为主，科技服务型人才缺少。不同地区的经济和社会结构差异使得其在对待外商直接投资和环境污染的态度上有较大差异。经济发达地区的居民在满足生活必要需求后，对健康、医疗、环境的要求逐步提高，使得其更加厌恶环境的恶化，这种厌恶的态度超过了对收入增长的需求，而这种需求也会反馈到政府层面，地方政府为了响应民生需求，不得不提高环境治理强度，提高外资进入的环境门槛。此外，经济发达地区内在产业结构的优化升级也倒逼地方政府在外商引资结构上进行调整，进一步促进制造业高端化、科研人才净流入，这些也会限制低级外商企业流入本地区。相反，对于欠发达地区，目前居民收入水平较低，居民对经济发展的需求高于对环境保护的需求，使得地方政府重视引进对地区产值贡献大的企业，而隐性降低外资进入的环境门槛。第二产业比重过高也抑制了科技型人才的流入。因此地区社会存在的形态会形成一种隐性的社会过滤机制，来调节外商直接投资的环境效应，社会过滤低的地区能促进外商直接投资的环境正效应，相反在社会过滤高的地区会加大外商直接投资的环境负效应。

其次，地方政府的治理行为也受到中央政策和官员个人利益的影响。在2004—2011年，地方政府官员考核以GDP增长率为主，使得中央一再出台环境保护文件，但地方政府变相不执行，地方政府为了个人晋升展开“GDP竞赛”，辖区内污染企业也不会受到严厉的惩罚，导致污染不能得到控制。在2012—2016年，随着社会公众对改善环境的要求越来越高，中央高层对环境保护的重视程度也越来越强，例如在2015—2017年进行的第一轮环保督查，加大了地方政府对辖区内环境污染企业的整治，对外商引进和辖区内企业的绿色生产和生态效应产生了积极影响。与此同时，在2012—2016年，中央改变了政府官员的晋升考核方式，将环境保护纳入考核范围，这也促进地方官员在引资中更加注重外商投资企业的质量而非数量，改善了外商直接投资的环境效应。

最后，企业在社会过滤机制和地方政府态度转变的外部制约下，对绿色生产和生态创新的态度有所改变。十八大以前，在经济建设为中心的基本路线下，企业加快生产，对环境保护重视不够，同时在政企关联保护机制下，环境污染成本很低。地方政府在吸引外商投资时更关注的是企业的产值、就业、税收等指标，因此外商直接投资增多，往往会弱化地区环境质量。而在2012—2016年，随着居民环境意识增强，对环境保护的呼声提高，政府将“和谐”（含生态和谐）与“美丽”纳入社会主义现代化奋斗目标，“生态环境”在中国经济和社会发展中的地位越来越高，加上政府官员考核方式的转变，使得地方政府对企业污染排放的态度大大转变，这倒逼企业在生产过程中加大绿色创新来降低污染排放量，规避越来越高的环境污染成本。

由此可见，以居民环保意识、地区产业结构为代表的社会过滤、政府官员考核方式及企业是否加大生态创新三者之间存在内在联系。十八大以前，在高社会过滤状态和以GDP指标为官员考核系统下，企业很少考虑污染排放问题，此时地方政府对FDI引进的环境门槛很低，外商直接投资存在环境负效应；进入新时代，较低的社会过滤促使中央认识到官员考核方式的不合理性，随着考核方式的转变和环境督查强度增强，企业污染成本大大提高，倒逼企业加大生态创新，同时高质量引进的外商企业会产生正向生态溢出改善本地区环境污染，外商直接投资存在环境正效应。三者之间的内在机制如图1-1和图1-2所示。

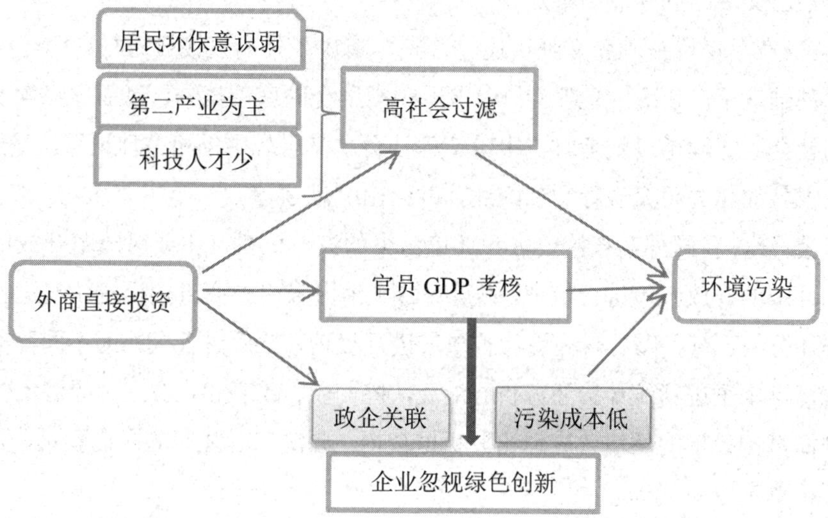

图1-1 传统模式下外商直接投资的环境效应的内部调节机制

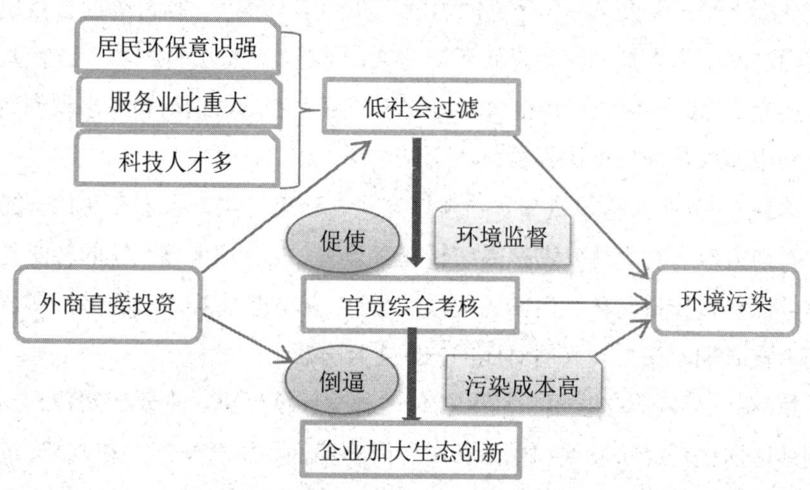

图1-2 新时代模式外商直接投资的环境效应的内部调节机制

1.3.2 研究内容

根据上文研究思路和研究机制及内在逻辑，本书的研究内容安排为:

第1章，绪论。主要阐述本书的研究背景、研究意义，指明了本书研究思路、研究机制及逻辑和研究内容，阐述了本书研究过程中主要采用的研究方法，并概括出文章的创新点和不足。

第2章，理论基础和文献综述。首先，阐述了外商直接投资与环境污染关系的基础理论。其次，阐述了与中国现实相结合的理论机制，包括逐底竞争理论、社会过滤理论以及新时代中国特色社会主义思想中的相关理论等。最后，对国内外的相关研究进行文献综述，并给出文献述评。

第3章，我国外商直接投资和环境污染的演变分析。主要对改革开放以来我国外资的开放政策进行梳理，然后对各个地区吸引外商直接投资状况进行统计描述分析；对我国历来环境保护政策进行梳理，然后对各个地区不同种类的环境污染水平进行统计描述分析。最后，将社会、政府和企业三个经济主体纳入外商直接投资的环境效应理论分析框架内，厘清三者之间的内在联系，为实证分析奠定方向基础。

第4章，外商直接投资、生态创新溢出与环境污染。主要在2012—2016年环境规制水平、中央对环境督查的力度不断加强背景下，探讨外商直接投资是否会通过产生生态技术创新降低环境污染，判断“污染光环”和“波特假说”是否成立。为此，第一步将技术溢出效应分解为生产性创新和生态型创新，第二步利用面板数据模型进行检验。

第5章，外商直接投资、官员考核方式与环境污染。主要在2012—2016年中央对地方政府官员晋升考核系统转变背景下，探讨该考核系统的转变是否会影响外商直接投资与环境污染的关系。为此，第一步将样本划分为旧考核时期和新考核时期，第二步采用对比的方式进行分析。

第6章，外商直接投资、地区社会过滤与环境污染。主要在2012—2016年不同地区居民对经济发展和生活环境之间的偏好异质背景下，探讨社会过滤是否成为外商直接投资与环境污染的关系在地区间差异的关键因素。为此，第一步重点讨论不同地区间的社会发展情况，第二步采用对比的方式进行分析。

第7章，结论与政策建议。主要是对全书的研究结论进行概括，同时根据研究结果，提出相对应的政策建议。最后指出了本课题未来进一步的探索方向。

图1-3显示了本书的研究框架。

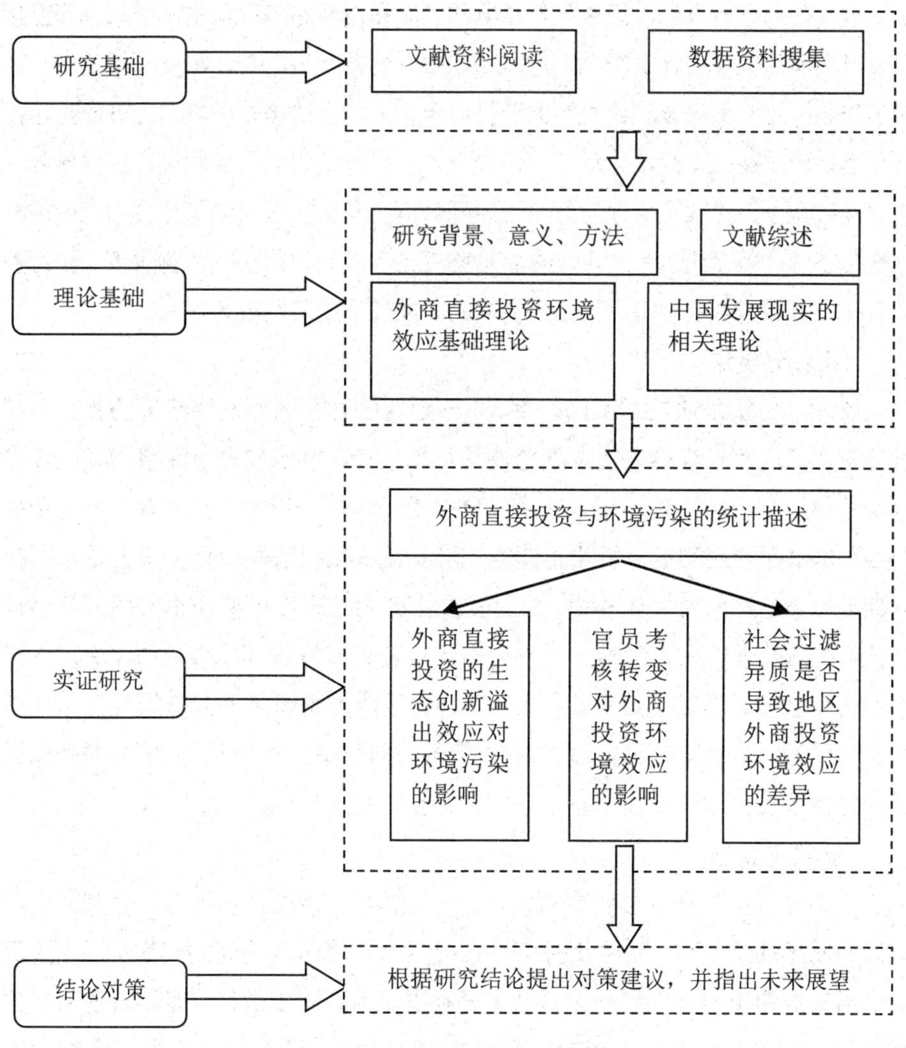

图1-3　本书研究框架

1.3.3 研究方法

本书研究主要涉及定性分析法、比较分析法和实证分析法。

1.定性分析法

定性分析法是依据变量的理论机制来判断变量之间的影响关系，是一种偏向于主观判断的分析方法，用来推断事物的性质和发展趋势。在本书中，外商直接投资对环境污染存在什么影响，通过哪些中介变量产生影响，制度环境是否存在调节作用，这些都需要理论机制的分析。事实上，目前国外学者关于外商直接投资环境效应发展了“污染光环”“污染天堂”“波特假说”等假说，国内学者也从“逐底竞争”“政企合谋”等角度展开分析，但这些理论都未充分结合中国经济新常态的环境变化。为此，本书将这些理论应用到中国新时代背景下，探讨外商直接投资如何影响环境污染，为后面的实证检验提供理论基础。

2.比较分析法

比较分析法是通过对不同时期、不同地区的同一事物发展状况的各个方面进行对比，从而能获得事物发展普遍与特色规律、本期或本地区事物发展优劣等结论的一种分析方法。该方法不仅可以用于定性分析中，也可以用于定量分析中。本书主要在实证分析中运用对比分析法，在判别外商直接投资是否存在创新溢出效应影响环境污染时，将创新溢出分为生产性创新和生态型创新进行对比；在检验政府官员考核方式是否影响外商直接投资环境效应时，进行考核系统转变之前和转变之后对比；在考察社会过滤是否影响外商直接投资与环境污染的关系时，对不同地区展开对比检验。通过比较性分析，能更加准确地设计差异性政策。

3.实证分析法

实证分析法是利用事例或实践（经验）数据，借助计量模型，来判断事物之间的发展联系。要判断利用外商直接投资与环境污染之间的确切关系，还需要借用数据和模型加以检验。本书主要利用中国地级市数据，运用普通面板数据模型和空间面板数据模型对外商直接投资与环境污染的关系展开系统性检验，包括外商直接投资是否会产生生态创新溢出降低环境污染、官员考核方式转变是否影响地区外商直接投资规模与结构进而降低环境污染、社会过滤异质是否导致外商直接投资与环境污染的关系存在地区差异这三个方面。实证分析法的最终目标是根据实证所得结论，提出有效、合理的发展对策或政策建议。

1.4 研究创新与不足

1.4.1 研究创新

本书的研究主要包含四个方面的创新。

1.考虑中国新时代背景下研究这一社会热点课题

已有国外和国内文献从各个角度来检验外商直接投资与环境污染的关系，国内学者甚至进一步将外商直接投资的环境效应与国内的相关制度（“经济竞赛”“政企关联”等）结合起来分析，这些分析对该课题的发展作出了贡献，但也不可避免地造成大量的重复性研究，并且结论的不一致也使得现实指导性意义大大降低。本书认为，近几年的文献忽略了中国新时代背景下体制环境和社会发展的变化。党的十八大以来中央对生态环境保护提出了更高的要求，明确提出建设“美丽中国”，特别是2016年以来，对全国各省市区进行了严格的环保督查。环境规制的加强驱使社会生产方式的转变，内外资企业不得不加大污染排放治理。此外，2012年以来，国家对地方政府官员考核的转变也解绑了官员晋升与经济增长的关联度，环境保护纳入了考核系统，也在很大程度上减缓了地方政府间的经济竞争和对环境政策“执行不完全”的态度。此外，居民环保意识和对生活质量需求的提高，也倒逼地方政府加大环境保护的投入力度。因此，本书考虑新时代背景，深入研究外商直接投资的环境效应，试图丰富这一课题在新时代的理论发展和实践指导意义，也能为以往学者结论不一致提供解释机制。

2.构建了 FDI 环境效应分析的理论机制

本书将社会、政府、企业三个经济主体系统纳入FDI的环境效应理论分析框架下，厘清三者之间的内在联系，为实证分析奠定方向基础。首先，随着地区社会的发展，会形成三种社会过滤机制直接影响外商直接投资的环境效应，同时也会间接促进政府部门响应社会需求，进而影响外商直接投资的环境效应。其次，地方政府的治理行为也受到中央政策和官员个人利益的影响。企业在社会过滤机制和地方政府态度转变的外部制约下，对绿色生产和生态创新的态度有所改变。这三者存在着很强的逻辑关系，共同调节着外商直接投资的环境效应。

3.将外商直接投资的创新溢出效应分解为生产性创新和生态型创新

"污染光环"假说以及较多的实证研究指出外商直接投资存在更加先进的技术会产生技术外溢，能降低环境污染，但是现实中我国的环境污染问题却日益严峻，显然理论与现实不一致，但很少有学者发现和深层次探讨这一问题。本书认为，外商企业来东道主地区投资建厂，必然存在比较优势，比如生产效率、产品质量、研发技术等，但是即使这些技术存在技术外溢也是企业生产经营方面的，而非环境生态方面，外商直接投资只有产生生态技术的环保型创新溢出才能对环境污染产生正面作用。因此，只有将外商直接投资的创新溢出进行生产性创新溢出和生态型创新溢出分解，才能判别"污染光环"在中国是否成立。颉茂华等（2014）实证发现环境规制对企业两种创新的影响不同，对企业环保研发投入有正影响，对非环保研发投入没有影响。因此，不同于以往文献将创新看成一个整体，本书借鉴Hamamoto（2006）提出的方法，将地区总研发投入分解为生产型研发投入和生态型研发投入，分析外商直接投资是否通过生态型创新溢出影响地区环境污染。

4.从社会过滤的角度探索地区间外商直接投资环境效应的差异性

近几年来我国居民对生活质量要求逐渐提高，对美好的生态环境需求也进一步上升，与此同时社会媒体的监督力量也不断加强，压缩了企业污染的寻租空间。但是，我国不同地区居民对环境污染的忍受程度可能不同，这取决于当地的经济和社会发展状态。在经济发达的地区，居民收入水平较高，已经满足了基本的生活条件，因此追求生活环境质量的愿望高于追求收入增长，这使得政府也相应调整社会治理的思路，在引资中可能优先考虑绿色、附加值高的企业；而对于经济欠发达的地区，居民收入水平偏低，因此追求收入和生活条件的改善的愿望高于对美好环境的需要，这容易导致政府更加注重经济发展而对生态环境采取漠视的态度。这表明不同地区间大部分居民观点所形成的社会过滤机制很可能使得外商直接投资环境效应产生差异。社会过滤是指由阻碍一个区域创新系统或综合系统成功发展的成分因素组成的一种社会因子，它会使本应朝着正常规律前进的事件不发生，甚至逆向发展，如经济落后地区由于存在较强的社会过滤，使得中央环境规制对地区的环境污染敏感度大大减弱，或者外商直接投资技术创新的溢出能力很低，最终影响外商直接投资的环境正效应。以往很多学者得出了不同地区外商直接投资与环境污染关系不同的结论，但很少能给出原因分析，本书试图从社会过滤的角度进行验证。

1.4.2 研究不足

本书研究的不足之处主要是在实证过程中未区分外商直接投资的类型并进行分析，原因在于缺乏统计数据。不同的外商资本对东道主地区的环境影响差异很大，绿色外商投资企业对东道主地区的环境影响很小，相反高能耗、高污染的投资企业对东道主地区的环境影响很大。因此区分地方政府在引资过程中的外商直接投资类型和来源地，不仅能消除外商直接投资本身性质带来的干扰，同时也能判断地方政府是否存在明显的主观性，如偏好产值大、就业岗位多的企业。这能分析我国外商直接投资的质量，也能据此判断地方政府间是否真实存在以牺牲环境为条件的“引资竞赛”。然而，由于统计数据上的限制，本书无法对此展开分析。

1.5 概念界定

1.5.1 新时代

关于“新时代”的定义，习近平总书记在党的十九大报告中指出，经过长期努力，中国特色社会主义进入了新时代，这是我国发展新的历史方位。报告中特别提到“五年来的成就是全方位的、开创性的，五年来的变革是深层次的、根本性的”[①]。其中提到的五年来，实际就是指“党的十八大以来，中国特色社会主义开启新时代”，2012年也成为后来理论界普遍认可的新时代真正开启时间。

目前，学界基于新时代背景研究中国特色社会主义经济学的文献逐渐增多，虽然视角不同，但是学者们普遍把新时代开启时间或样本选取时间点定为党的十八大召开当年（马建堂，2019；裴长洪等，2018；韩保江，2018；徐忠，2018；刘伟等，2018；王延中等，2018），以此来识别经济运行的传统模式向新型模式转变。本书研究重点是经济发展与环境污染的关系问题，历史表明在党的十八大以前，尽管中央多次强调环境保护，也出台了各种政策文件，但由于制度等各种原因，在经济增长的同时对环境保护尚有所不足。党的十八大以来中央对生态环境保护提出了更高的要求，明确提出建设“美丽中国”，同时也将环境治理纳入地方政府的考核标准，放弃了“GDP论英雄”的单项考核方式，使得地方政府、公众对环境保护积极性得到了逆转（祁毓等，2019）。此外，2012年中国GDP增长率从2000年以来首次跌破8%，也表明中国真正进入了经济阵痛期。考虑到本书研究对象是外商直接投资的环境效应，同时结合中国的经济、制度和社会背景，本书以2012年为划分点，将2012年以前定义为传统模式，2012年及之后定义为新时代模式。

本书数据时间是2004—2016年，数据来源于2005—2017年《中国城市统计年鉴》，以及部分省份的统计年鉴。[②]

1.5.2 外商直接投资

外商直接投资（Foreign Direct Investment，FDI），是指外国企业和经济组织或个人按照东道主国家的有关政策、法规，用现汇、实物、技术等在东道主国家境内开办外商独资企业、与我国境内的企业或经济组织共同举办中外合资

① 习近平：《决胜全面建成小康社会 夺取新时代中国特色社会主义伟大胜利——在中国共产党第十九次全国代表大会上的报告》（2017 年 10 月 18 日），人民出版社，2017 年。

② 根据第 3 章的环境污染排放临界点统计性描述、经济学含义，以及数据可获得性，本书把样本分为 2012—2016 年和 2004—2011 年两个样本时期。

经营企业、合作经营企业或合作开发资源的投资（包括外商投资收益的再投资），以及经政府有关部门批准的项目投资总额内企业从境外借入的资金。根据外商直接投资的来源地不同，中国的外商直接投资具有不同的特征，来源于发达国家的外商直接投资普遍具有更高的生产技术和生产效率，而来源于发展中国家的外商直接投资不具备明显的技术优势，但可能存在资本优势和政策优势等。外商直接投资能积极推动东道主地区的经济发展、带动就业，但如果管理不严格，也会导致一些负面影响，包括市场垄断、抑制本国企业竞争力、环境和资源问题等。

1.5.3 环境效应

环境效应（Environmental Effect）是指自然过程或者人类的生产和生活活动对环境造成污染和破坏，从而导致环境系统的结构和功能发生变化的过程。环境效应有正效应，也有负效应，其中正效应是指促进环境系统的结构和功能改善，环境污染和破坏程度降低；负效应是指破坏环境系统的结构和功能改善，环境污染和破坏程度上升。在本书中，外商直接投资的环境效应是指由外商直接投资活动所引起的对东道主地区环境的影响，一般可以用环境污染的变化负向来衡量环境效应。如果外商直接投资导致地区环境污染程度加剧，即外商直接投资对环境污染有正影响，则认为外商直接投资具有负向环境效应（也称为“环境负效应”），相反，如果外商直接投资导致地区环境污染程度减轻，即外商直接投资对环境污染有负影响，则认为外商直接投资具有正向环境效应（也称为“环境正效应”）。①

① 环境效应的内在联系（正效应与负效应关系）都已经体现在本书之后实证结果的分析中。

第2章 理论基础和文献综述

2.1 外商直接投资环境效应的基础理论

2.1.1 “污染天堂”假说

“污染天堂”假说最早由Walter和Ugelow（1979）提出，并经诸多学者不断丰富和完善。该假说认为在经济发展初期，发展中国家为了快速发展本国经济，更倾向通过降低环境标准来吸引外商投资，而发达国家也倾向于将高污染产业（也被称为“肮脏产业”）转移到发展中国家，这就加剧了后者的环境污染，发展中国家成为发达国家的“污染避难所”，也称为“污染天堂”（Copeland和Taylor，1994；Markusen，1999；List和Co，2000；傅京燕，2010；李国平等，2013；彭可茂，2013；Ren等，2014）。该假说的成立有三个条件：一是发展中国家有为发展本国经济主动出台优惠政策或降低环境管制标准吸引发达国家外资的愿望；二是发达国家向发展中国家主要转移的是污染密集型产业；三是发展中国家在经济发展初期普遍对环境保护意识薄弱。而另外一种解释观点则从产业区位重置的角度认为，在完全贸易自由化条件下，污染密集型产业的企业倾向于流向环境标准相对较低的地区，显然发展中国家的环境规制程度要低于发达国家。尽管这两种观点殊途同归，但可以看出前者认为是发展中国家主动接受发达国家产业转移的后果，而后者认为是产业区位重置的结果，具有内生规律性。

Taylor（2006）进一步阐述了“污染天堂”假说的机理，其认为国家的特征决定了环境规制的强度，而环境规制会影响区域范围内企业的生产成本，在环境规制程度高的地区污染密集型企业需要承担更高的环境税赋，因此就会驱使这些企业向环境规制程度低的地区转移，形成外商直接投资（FDI），而外商直接投资的流入就会影响当地环境污染水平，进一步反馈到环境规制管制上。因此，“污染天堂”假说认为外商直接投资与环境污染之间存在正相关关系，即外商直接投资会产生环境负效应。

2.1.2 “污染光环”假说

尽管理论上对于“污染天堂”假说支持的很多，但实证研究支持的很少，因此一些学者提出了“污染光环”假说。该假说认为来自发达国家的外商投资企业在其国家面临着较高的环境规制标准，以及政府、居民对环境的严格要求，因此这些企业普遍拥有先进的污染处理技术。外商直接投资进入东道主国家或地区后，其使用的环境污染处理技术和环境管理体系会向东道国地区扩散，从而有利于提高东道主地区的环境污染治理水平（Antweiler等，2001；Liang，2006；张宇和蒋殿春，2013；聂飞和刘海云，2015）。可见，“污染光环”假说的成立需要两个条件：一是外商直接投资企业有先进的生产污染处理技术，二是这项技术能在东道主地区空间溢出。Eskeland和Harrison（2003）、Frankel和Rose（2005）则认为外商直接投资能通过三种机制抑制地区环境污染，包括直接环境效应、技术溢出效应和收入效应。直接环境效应认为外商投资企业在本国面临高环境标准时有更高的绿色生产意识，这种意识也会延伸到东道主国家，推动东道主国家在能源使用效率、污染处理技术等方面的进步，改善环境质量；技术溢出效应则认为外资企业普遍拥有更高的生产技术和环保技术，这些技术将对当地企业产生正向外部性，能够促进本地企业提高生产技术、排污技术，从而降低环境污染；收入效应认为外资进入会提高东道主国家的产出和收入水平，人均收入水平提高后人们会对环境质量提出更高的要求，而公众环保意识增强将迫使地方政府增加环保投入和实施更严厉的环保政策，最终提高环境质量。

因此，“污染光环”假说认为外商直接投资与环境污染之间存在负相关关系，即外商直接投资会产生环境正效应。

2.1.3 “环境库兹涅茨曲线”假说

库兹涅茨曲线是经济学家库兹涅茨在分析经济发展与收入差距之间的关系时得出的，研究认为经济发展与收入差距之间存在着“倒U形”关系。早期，Beckerman（1992）就针对国家收入与环境保护措施之间的关系进行了分析，并指出二者具有强相关性，其认为经济增长在早期阶段会导致环境的恶化，但对绝大多数国家而言，让国家变得富有是改善环境的最佳也可能是唯一的途径。此后，Panayotou（1997）首次将库兹涅茨曲线反映的这种非线性关系应用到人均收入水平与环境质量的关系上，称为“环境库兹涅茨曲线（EKC）”。“环境库兹涅茨曲线”假说认为，当一个国家经济发展水平较低的时候，环境污染的程度较轻，但是随着人均收入水平的增加，环境污染由低趋高，环境恶化程度随经济的增长而加剧；当经济发展达到一定水平后，即达到某个临界点或称“拐点”之后，随着人均收入的进一步增加，环境污染又由高趋低，环境污染的程度逐渐减缓，环境质量改善。

环境库兹涅茨曲线描述了经济发展水平随着收入水平的变化，环境污染先增长后下降的发展轨迹。这和本书在前面提出的“因社会过滤异质，导致地区间外商直接投资环境效应差异”不谋而合，在收入较高的经济发达地区，居民人均收入较高，此时对生活环境的要求较高，这就使得政府增加环境保护投入，而在收入较低的经济欠发达地区，居民对收入增长的需求大于对生活环境的需求，此时政府可能仍然侧重于发展经济。这也间接表明环境库兹涅茨曲线受到环境质量需求收入弹性的影响。由于每个经济体的环境库兹涅茨曲线受到诸多因素的影响（Dinda，2004），因此其拐点有大有小。

环境库兹涅茨曲线表达的外商直接投资与环境污染之间的非线性关系也导致一些经济学者的思考，如Grossman和Krueger（1995）在研究北美与墨西哥的自由贸易中，分析了外商直接投资影响墨西哥环境污染的途径，为此其将这一影响分解为生产规模效应、产业结构效应、技术溢出效应三个方面。

生产规模效应是指外商直接投资的增多会带来东道主地区经济活动的增加，经济活动增加会带来生产排污、能源消费的快速上升，对环境产生影响。生产规模效应的假设条件是外商直接投资进驻后，东道主地区的产业结构和技术进步不发生变化，此时外商直接投资增多，必然会造成污染排放量的增长，这就是外商直接投资的规模效应，规模效应对环境质量的影响是负向的。

产业结构效应是指外商直接投资进入不同的产业其环境效应会存在差异。从三个产业的发展规律来看，第一产业和第三产业环境污染要小于第二产业。因此，在相同的外商直接投资规模和技术进步水平下，外商直接投资进入第一产业和第三产业的环境污染要小，而进入第二产业的环境污染要大，在第二产业内部中，同样存在进入高污染制造业和低污染制造业的差别。而随着国民经济从第一产业向第二产业，再向第三产业发展（配第-克拉克定理），环境污染也可能呈现先升后降的演变趋势。

技术溢出效应是指外商投资企业由于拥有更高的生产技术和环境保护技术，在对东道主国家投资过程中，产生技术外溢，带动当地其他企业清洁生产和提高排污技术，降低地区的污染水平。技术溢出效应存在两个条件：一是外商直接投资企业具有更先进的清洁生产工艺或更高的环保技术，二是这些技术能在东道主地区空间溢出。随着东道主地区经济发展，环境规制政策也会由弱变强，迫使当地企业采用现代化清洁生产技术。因此，在其他条件不变的情况下，技术效应对环境质量的影响是正的。

从以上看出，外商直接投资在东道主国家的环境效应是规模效应、结构效应和技术效应的综合，也表明了外商直接投资的环境效应不仅仅是正向、负向的结果，更与东道主国家的发展环境、社会条件等有关。

2.2 外商直接投资环境效应的中国经验理论

2.2.1 环境规制“逐底竞争”理论

Konisky（2007）在分析国家投资的环境效应时，认为之所以发展中国家成为发达国家的“污染避难所”，是因为前者拥有更低的环境规制水平，其进一步发现在非洲和亚洲部分国家，存在严重的“竞争到底”现象来吸引外资进入。Kunce和Schgren（2007）认为由于资本的流动性，地方政府担心相对较高的环境规制会导致本地区的资本向外部地区转移或者吸引不到外资，这种损失超过本地区环境改善的收益，从而降低本地区的环境规制标准，使得各地区间展开环境规制的趋劣竞争，即“竞争到底”（Race to Bottom）。近几年关于在环境规制中是否存在地方政府或国家间的“逐底竞争”现象一直受到众多学者的热议。所谓环境规制“逐底竞争”是指地方政府或者国家政府，为了政治或者经济需求而竞相降低本地区的环境规制水平以吸引更多资本流入的竞争行为。学术上更多是关注“逐底竞争”的行为对地区环境污染产生什么样的后果。

国内学者大多数从我国的现实制度背景出发来讨论地方政府间的环境规制“逐底竞争”，而这一制度背景主要是财政分权，为此很多学者也将我国存在的“绿色悖论”现象归因于这一体制的缺陷。在财政分权下，中央是环境规制政策的制定主体，地方政府是环境治理的执行主体，因此环境治理效果更大程度上取决于后者。但是，不同于国外，中国财政分权并不是真正意义上的分权，而是政治上的集权、财政上的分权（姜珂和游达明，2016），地方政府在获得更大的财政主导权后，为了自身利益会与中央政府展开动态博弈，在行为上表现为加大基础建设项目投资等实现地方经济目标，而忽略环境保护等民生性公共产品。而地方政府之所以有强烈的投资动机和“招商引资”动机与我国地方政府官员的晋升考核制度有关，首先我国政府官员的晋升考核指标很大程度上取决于地区经济发展水平，确切地说，就是根据区域GDP增长率排名（周黎安，2007），其次官员的任命和监督也由政府有关部门主导，与民众的需求和意见几乎不存在关联，这二者使得政府官员有更大的动机刺激地区经济增长，甚至会隐性地降低环境规制，形成环境规制的竞争到底行为，导致环境污染排放增加，也最终导致中央在不断加大环境规制强度下，地方的环境污染水平不减反增。

国内学者认为地方政府的外商直接投资最能代表政府的经济发展动机，因此普遍采用外商直接投资规模、人均外商直接投资代理引资竞争大小（邓玉萍，

2013；刘建民，2015）。因此，环境规制“逐底竞争”最终会影响地区外商直接投资的环境效应，在环境规制程度越低的地区，可能会导致污染型（低质量）的外商投资企业进驻，增加环境污染。

2.2.2 社会过滤机制理论

前面指出外商直接投资会产生技术外溢效应促进东道主地区技术升级，从而能降低环境污染。但是，近几年部分学者从技术外溢条件的角度对外商直接投资能否产生技术外溢提出了质疑。外商资本相对于我国内地企业具有更先进的生产技术和污染末端处理技术，但是由于技术和知识产权具有保护机制，因此不可能天生产生技术外溢，对本地整体创新产生推动作用，而需要中间媒介，这个媒介，也称为“创新黑箱”（覃成林和任建辉，2016）。1999年，Rodriguez-Pose创造性地提出了社会过滤概念，试图从社会过滤的角度来解释“创新黑箱”，从而开辟了社会过滤这一研究领域。Rodriguez-Pose（1999）研究发现，本地社会条件在创新转化为经济增长动力的过程中扮演着社会过滤器的角色，在创新易发地区往往具有较弱的社会过滤，相反在那些人口老龄化严重、技术匮乏、创新意识薄弱的地区（被称为“创新厌恶”地区）则很难吸收和培育创新。据此，Rodriguez-Pose（1999）提出了社会过滤概念，认为社会过滤是由促进或阻碍一个区域创新系统成功发展的创新成分和保守成分共同组成的。创新成分比重越高，技术吸收和转化能力就越强，地区吸收外商资本的先进创新技术并转化为经济增长的动力就越明显。这表明社会条件既可以是创新的过滤器，也可能是创新的催化剂，而地区社会条件决定了其机制方向。近几年，社会过滤在国外的研究开始增多，Scarlato（2013）分析认为社会过滤包括人力资本、社会包容和制度效率，Smith和Thomas（2015）也指出创新不是独立的活动，而受到社会制度的制约。

一个区域的创新能力一方面来自自身的研发活动，另一方面来源于外部的知识和技术溢出。区域的创新能力不仅依赖于创造和吸收知识的能力，还依赖它的社会、经济条件。创新活动具有很强的社会根植性，不同地区由于存在不同的社会组织结构，使得一些学者（Navarro等，2009；Crescenzi等，2012）对社会过滤是否会影响本地区对外商投资的技术创新溢出进行了积极探讨。这些文献探索社会过滤如何影响创新转化为增长，认为良好的社会条件是创新转化为经济增长的关键路径。对于一些地区，社会条件的限制比创新的投入更为严重，并且相对于后者，改变社会条件要困难得多。因为社会过滤中的某些组成部分可能不存在自发调整机制，因此政府仅通过创新投入来促进经济增长、只利用外资来促进本地企业的自主创新是不够的，还需要改善本地的社会过滤条件，为创新转换提供必要的社会条件。

中国不同地区间经济和社会发展水平差异较大，例如对于东部地区，近几年已经进入经济转型期，地方政府更加注重技术创新来驱动经济增长，以新动力淘汰旧动力，因此政府不断出台教育投入、人才引进、政府创新补贴、技术引进消化吸收等有利于创新发展的行为，与此同时，居民对生态环境的要求逐渐上升，也倒逼当地企业增加生产排污处理技术的升级；而在中、西部地区，仍然处于工业化中级阶段，地方政府仍然将发展当地经济作为首要任务，由于缺乏人才、技术、地理优势等条件，因此现阶段中、西部仍然以吸引东部产业转移和外商投资企业为主，并且很难吸收这些企业的先进技术，此外当地居民对于收入增长的意愿也高于对环境的需求。因此，外商直接投资的技术能否溢出进而促进当地的创新能力，还与社会过滤机制有关，较强的社会过滤将制约外商直接投资的技术溢出和当地企业的技术吸收与消化。

2.2.3 新时代中国特色社会主义相关理论

1.新时代中国特色社会主义生态文明建设战略

党的十八大以来，党中央始终把生态文明建设放在治国理政的重要战略位置，作为统筹推进“五位一体”总体布局和协调推进“四个全面”战略布局的重要举措。五年以后，党的十九大以“加快生态文明体制改革，建设美丽中国”为题，阐明了新时代背景下中国特色社会主义生态文明建设战略，把生态文明建设提高到前所未有的高度。十九大报告中指出：必须树立和践行绿水青山就是金山银山的理念，坚持节约资源和保护环境的基本国策，像对待生命一样对待生态环境，统筹山水林田湖草系统治理，实行最严格的生态环境保护制度，形成绿色发展方式和生活方式，坚定走生产发展、生活富裕、生态良好的文明发展道路，建设美丽中国，为人民创造良好生产生活环境，为全球生态安全作出贡献。这表明无论是内资企业还是外资企业、机构还是个人，不管其贡献有多大，只要对环境造成污染，就要受到惩罚。

报告中还针对经济发展与生态环境的矛盾提出了新部署，指出“既要创造更多物质财富和精神财富以满足人民日益增长的美好生活需要，也要提供更多优质生态产品以满足人民日益增长的优美生态环境需要”。要解决二者的矛盾贡献，就要推进绿色发展方式。加快建立绿色生产和消费的法律制度和政策导向，建立健全绿色低碳循环发展的经济体系。构建市场导向的绿色技术创新体系，发展绿色金融，壮大节能环保产业、清洁生产产业、清洁能源产业。推进能源生产和消费革命，构建清洁低碳、安全高效的能源体系。推进资源全面节约和循环利用，实施国家节水行动，降低能耗、物耗，实现生产系统和生活系统循环链接。提高污染排放标准，强化排污者责任，健全环保信用评价、信息强制性披露、严惩重罚等制度。构建政府为主导、企业为主体、社会组织和公众共同参与的环境治理体系。

新时代中国特色社会主义生态文明建设战略积极发展了可持续发展理论，回应了西方发展理论中“经济发展必然导致环境破坏”“先污染、后治理”等不合理的论断，为经济发展与环境保护的协调发展提供了新认识、新思路。

2.习近平的“两山”理论

2013年9月，习近平主席在哈萨克斯坦发表演讲时，阐述了关于“金山银山”与“绿水青山”关系的“两山”理论。“两山”理论科学回答了发展经济与保护生态二者之间的辩证统一关系，是指导中国生态文明建设的重要理论。“两山”理论是从根源上化解能源环境危机的新思路、新突破，是对世界环境治理的新贡献。从经济学角度看，污染成本外化与转移的工业经济模式，是造成环境污染的深层原因。西方发达国家的环境治理，实质上是治标不治本的外部治理，其对无法转移的内部污染，主要是通过税收、制度、技术等进行治理；

对于能够转移的污染，主要是通过高端贸易向发展中国家进行污染输出。这其实是一种不可持续的、损人利己的、高成本的外部治理模式。因此，要彻底解决能源环境危机，就必须实现从外生的工业经济模式向成本内化的生态经济模式、绿色发展模式转变。

2015年5月，国务院发布了《关于加快推进生态文明建设的意见》，提出了生态文明建设的三个源头治理战略：一是大力推进源于心的生态文化与生态道德建设，找到生态文明建设的原动力；二是启动源头治理的生活方式变革，找到节能减排的源头治理之路；三是开启以绿色发展为导航的生态经济革命，找到生态文明建设的经济基础与内生动力。"两山"理论的内生发展之路就是探索成本内化的新经济模式。所谓成本内化的新经济模式，就是将生态环境资源纳入经济系统中，把生态环境与自然资本看成经济增长的内生资源和重要因素，从而实现环境收益与经济收益的同步增长。

"两山"理论的生态经济学，将生态资源纳入财富生产的要素体系中，认为生态资源也能为财富增长作出贡献。这一思想，为中国迈向生态文明时代新经济之路打开了思路，破解了许多在工业经济学框架下无法解决的难题。过去二三十年来，我国利用外资规模不断扩大，外商直接投资积极带动了我国经济发展，但是也对我国的生态环境起到了一定的负面影响。"两山"理论从理论上为引资与环境的协调发展指明了方向，但在未来需要不断地探索与实践这一理论。

2.3 文献综述

2.3.1 关于外商直接投资与环境污染关系的文献

1.外商直接投资对环境污染正影响的经验证据

早期较多学者（Khalil和Inam，2006；He，2006；Jorgenson等，2007；Levinson和Taylor，2008；Baek和Koo，2009）的实证检验结果证实了"污染避难所"（即发达国家的高污染产业流向发展中国家，后者成为污染避难所，也称"污染天堂"）假说的成立。此外，Kim和Baek（2011）利用跨国面板数据，分析了外商直接投资对东道国污染排放的影响，发现无论是短期还是长期，外资的流入均会导致环境污染的加剧。Cole等（2011）以112个中国城市的面板数据进行分析，认为尽管更多的废气和废水的排放促进了地区的收入增长，但外商直接投资的进入并不利于环境。Chung（2012）检验了“污染天堂”假说，发现环境规制的宽松会使得一些低劣的外商直接投资流入，对环境污染存在正影响。Omri等（2014）运用动态联立方程模型分析发现外资的流入会导致东道国经济规模扩张，通过规模效应会显著提高东道国的环境污染。Wang和Chen（2014）依据FDI来源地的不同对外商直接投资的环境效应进行了检验，验证了中国“污染天堂”假说成立。Bu和Wagner（2016）得出污染密集型行业倾向于到环境规制较弱的国家进行投资，这使得东道主地区的环境污染加重，因此宽松环境规制的国家往往会成为国际上的“污染避难所”。

国内学者中，胡小娟和赵寒（2010）选取我国35个工业行业的面板数据，考察了工业行业FDI对我国环境的影响，得出对于总体工业行业，外商直接投资对我国生态环境产生了负面影响。沈坤荣和王东新（2011）以中国30个省份面板数据为例，分析发现外商直接投资在地区间的渗透力度存在较大差异，在外商直接投资规模较大的东部地区，外商直接投资对污染物排放量存在正影响。周力和李静（2015）利用面板数据检验了外商直接投资对中国$PM_{2.5}$空气污染的影响，得出外商直接投资对$PM_{2.5}$有着显著的正向影响，但反向不成立，即空气污染不会影响FDI的区位选择。朱东波和任力（2017）利用省级面板数据分析得出中国仍处于U形曲线的左半部分，外商直接投资主要集中于污染型行业，不利于工业绿色转型，证实了“污染天堂”假说。龚梦琪和刘海云（2018）利用中国工业行业面板数据，分析了FDI对污染排放的影响，发现从总体看，无论是高产出和低产出行业企业，还是劳动密集型或资本密集型企业，外商直接投资均会增加工业行业的污染排放，支持“污染天堂”假说。此外，傅京燕和李丽莎（2010）从地区面板数据的角度、李国平等（2013）从工业行业的角度均验证了“污染避难所”在中国存在。

2.外商直接投资对环境污染负影响的经验证据

一些学者（Wang和Jin，2002；Grg和Greenaway，2004；Girma等，2008；

Eastin和Zeng，2009；Albornoz等，2009）实证检验得出了“污染光环”（即外商直接投资对东道主地区环境污染有负影响，即存在环境正效应）假说的存在。近期的研究中，Perkins（2012）对国际上受援助国家进行了分析，发现这些国家的外商直接投资提高了国家的碳排放技术，能减少碳排放量和其他工业排放物水平，说明存在“污染光环”效应。Dong等（2012）研究也支持“污染光环”假说，他认为外商直接投资拥有更先进的环境技术与治理经验，能提高内资企业的生产率和环境保护。Asghari（2013）分析了中东和北非国家外商直接投资的环境效应，得出跨国企业能够优化东道主国家的产业结构，促进产业升级，进而能对环境污染产生正向效应。Liang（2014）利用中国260个城市的面板数据，对外商直接投资与中国环境污染的关系进行检验，得出外商直接投资会挤出一些低效率的企业以及污染密集型企业，通过技术溢出和产业升级效应促进中国能源使用效率和环境质量上升。

国内学者许和连和邓玉萍（2012）运用空间面板模型实证分析了FDI对我国环境污染的影响，研究表明FDI在地理上的集群有利于改善我国的环境污染，“污染天堂”假说并不成立。王艳丽（2015）以我国37个工业行业为样本，实证检验FDI对碳排放强度影响的直接效应和产业内技术溢出效应，研究发现外商直接投资对碳排放强度降低产生了积极的影响，并且在高能耗行业中更为明显。同时得到外商直接投资主要是通过降低工业行业能源强度从而对碳排放强度发挥作用。贺培和刘叶（2016）利用2003—2013年281个地级市面板数据，对FDI与中国环境污染的关系进行检验，得出外商直接投资对中国的工业二氧化硫排放量产生了抑制作用，即FDI在一定程度上缓解了中国的环境污染状况。秦晓丽和于文超（2016）同样利用城市面板数据，研究了FDI对城市环境污染的影响，结果显示“污染避难所”假说并不成立，外商直接投资能够显著地降低工业二氧化硫和工业粉尘的污染物排放，改善地区环境质量。李力等（2016）探讨了2006—2013年外商直接投资对珠三角地区雾霾污染的影响，空间模型检验得到外商直接投资有利于改善珠三角地区的雾霾污染，“污染天堂”假说不存在，且在三大产业中均有一致结论。郑强等（2017）以改进熵值法拟合环境污染综合指数，实证检验了FDI流入对中国环境污染的影响及其区域差异，结果表明“污染光环”假说在中国基本成立，外商直接投资流入改善了中国环境质量，但主要表现为沿海和内陆地区。李金凯等（2017）选取地级市数据，构建FDI对环境污染的面板平滑转移模型进行分析，得出外商直接投资通过发挥“示范效应”“溢出效应”“竞争效应”等促进了我国环保技术水平，表明外商直接投资并不是引起我国环境恶化的主要原因。

3.外商直接投资对环境污染非线性影响的经验证据

一些学者认为外商直接投资与环境污染的关系不是简单的非正即负，而应该存在一个复杂的传导机制（Grossman和Krueger，1995；Panayotou，2000；He，2006；Chew，2009），这些学者将FDI的环境效应分解为产业规模、产业结构和技术效应等因素，并进一步说明不同因素对环境的影响也有所不同。受Grossman和Krueger（1995）的启发，Antweiler等（2001）创建了开放经济下分析经济与环境关系的一般均衡模型，发现贸易自由化与污染排放量之间并非单一的线性关系，具体结果取决于国家类型及其比较优势。Song和Woo（2008）以中国的现实状况分析了投资与环境的关系，发现外商直接投资与环境污染之间存在收入的门槛效应，当投资地收入水平较低时，当地对污染的承载力较高，FDI对环境倾向于负影响；而当收入达到较高水平时，收入提升将改善环保投资和环境规制，FDI对环境的负影响将逐渐降低。Bao等（2011）利用联立方程估计结果显示 FDI对环境污染的规模效应和结构效应显著为正，技术效应为负，因此综合效应取决于哪种效应更强。Pao和Tsai（2011）基于金砖四国的数据，对外商直接投资与东道国环境污染之间的关系进行了系统考察，发现 EKC（环境库兹涅茨曲线）假说是存在的。Sapkota等（2017）用1980—2010年14个拉丁美洲国家数据，研究了FDI和收入对污染排放的影响，结果表明“污染天堂”假说和EKC假说的有效性，外商直接投资的进入对东道国的环境产生了“多重效应”。

国内部分学者也得到了非线性影响的结论。李子豪和刘辉煌（2013）利用中国省级面板数据，实证考察了外商直接投资对环境质量的门槛效应，研究表明外商直接投资对中国环境存在显著的门槛效应，在高人均收入、高人力资本或高环境规制阶段，显著改善了中国环境质量，而在低水平阶段则降低了环境质量。计志英等（2015）分别选择工业废水、工业废气和工业固体废物排放量作为环境污染水平的代理变量，通过三阶段最小二乘法实证检验发现，外商直接投资与环境污染之间呈“倒U形”关系，即符合环境库兹涅茨曲线。刘渝琳等（2015）利用省级数据和空间面板数据模型分析了FDI与环境污染的空间非线性关系，得出环境污染程度与FDI之间呈“N形”发展关系，即环境污染随着外商直接投资的引进先恶化后转好再恶化的三阶段发展趋势。

此外，一些学者发现外商直接投资对环境的影响存在“双重效应”，即在某些条件下为正，在某些条件下为负。张学刚和钟茂初（2010）从规模效应、结构效应、环境技术效应、管制效应的多重角度探讨了外商直接投资影响我国环境的作用机理，得出外商直接投资对我国环境产生了负向的规模效应、正向的结构效应和环境技术效应，而管制效应不明显，总效应为负。张宇和蒋殿春（2013）分析了外商直接投资的环境效应，得出外商企业进入的同时具备“污染天堂”和“污染光环”的双重效应，外商投资使得我国产业结构中高污染行业比重增加的同时也促进了环保技术的升级。刘舜佳（2016）基于中国数据的实证检验发现，外商直接投资物化型知识溢出将导致资源消耗的上升，使得区域内工业排放物增加，表现为“污染天堂”效应；而外商直接投资非物化型知识溢出会降低资源投入，降低了工业污染排放量，表现为“污染光环”效应。刘飞宇和赵爱清（2016）采用空间自相关模型全面回归分析了FDI对于环境污染的影响，研究结果表明外商直接投资的引入能改善我国部分传统污染物带来的环境污染，而对工业烟尘的排放有加剧作用，表明FDI与环境污染存在“污染光环”和“污染天堂”的双重效应。

2.3.2 关于外商直接投资通过创新溢出影响环境污染的文献

1.外商直接投资对整体创新溢出的影响

Lucas（1988）和Romer（1990）等提出的“内生经济增长理论”认为由知识资本或人力资本的积累和溢出引起的内生技术进步是经济增长的重要源泉，同时对外开放和利用外资可以加速先进技术的流入。为此，国内外学者从外商直接投资的角度对FDI是否能促进东道主地区技术创新进而影响环境质量展开了充分的研究，但所得的结论不统一。

第一类学者研究得出FDI流入能产生正向技术创新溢出。Cheung和Lin（2004）研究发现FDI规模的不断上升对中国专利数量存在显著正向影响，Hu和Gary（2009）基于行业层面的数据也得出相同结论。桑瑞聪（2011）实证结果得出FDI技术溢出对我国自主创新能力提升有明显的正面效应。李晓钟和张培（2016）分析发现外商直接投资对我国高技术产业存在显著的溢出效应，总体上对我国高技术产业的生产能力、技术创新能力以及市场转化能力提升都存在促进效应。张文菲等（2017）、刘鹏等（2017）分别基于省级面板数据和地级市面板数据也得到外商直接投资对我国技术创新具有促进作用。

第二类学者研究得出FDI存在负向技术创新溢出，Salvador和Eric（2002）、Ruane和Ugur（2005）的研究均发现外商直接投资对东道国企业技术创新不仅不存在正向影响，反而具有负面作用。国内学者周贝（2017）运用广东省2005—2014年地级市面板数据，研究发现外商直接投资对广东省区域创新能力存在较弱的负技术外溢效应。李健等（2017）利用省级面板数据，证实了外商直接投资存量负向调节外资进入速度对区域创新能力的影响。

第三类学者则得到FDI与地区创新的关系不显著，Aitken和Harrison（1999）、Henny和Manuel（2002）研究发现外商直接投资并不显著影响本地区的创新水平。祝丽芳等（2009）分析了外商直接投资对促进我国区域创新能力的影响，结果表明FDI的流入对提高我国自主创新能力和增强原创性的科技能力无显著影响。王聪等（2016）采用面板门限回归模型，分析结果表明FDI技术溢出效应与创新绩效并未真正存在着互动传导的调节作用。

第四类学者则得到FDI的创新溢出方向并不确定，一是与FDI的来源、质量和规模等有关，如Alfaro等（2006）；二是与地区有关，如李晓钟等（2008）、张士杰等（2017）、李政等（2017）分析得到FDI对区域创新能力的影响存在地区差异，普遍来看东部地区高，中、西部地区低或者不影响；三是存在第三变量的门槛效应，Dieter（2010）研究表明FDI能否促进东道国创新能力需要考虑东道国企业的吸收能力。国内学者分析了第三者对FDI创新溢出效应的影响，包括知识产权保护（鲁钊阳等，2012）、金融发展（冉光和等，2013）、人力资本（李健等，2016）、市场开放度（左勇华等，2017）、腐败程度（李子豪，2017）等。

2.外商直接投资对绿色创新溢出的影响

越来越多的学者在关注外商直接投资对东道国环境效应的同时讨论外商直接投资对环境技术创新的影响。Eskeland和Harrisonb（2003）、Mericana等（2007）认为外资企业拥有环境更加友好的生产技术和污染处理技术，使东道国有机会获得清洁生产技术，提高东道国的环境技术水平。也有学者持不同的意见，Andonova（2003）通过对欧洲中东部企业级数据的分析发现，FDI的流入与内资企业清洁生产技术的长期变化不存在显著关系。Chudnovsky和Pupato（2005）认为虽然外资企业比国内企业拥有更先进的环境技术和绿色管理系统，但外资企业的绿色技术只对国内企业中具有一定技术吸收能力的企业产生正向溢出效应，而对其他企业溢出不明显。Albornoz（2009）采用企业数据进行了检验，结果发现 FDI 对东道国的环境技术产生了比较显著的垂直溢出效应，但水平溢出效应并不显著。

国内学者中，陈媛媛等（2010）将环境技术分解为清洁生产技术和末端治理技术，利用36个工业行业数据进行分析，结果发现外商直接投资水平溢出提高了末端治理技术，而水平溢出和垂直溢出都提高了清洁生产技术。毕克新等（2011）将绿色工艺创新分为清洁生产技术创新和末端治理技术创新，通过工业行业数据分析了FDI对我国制造业绿色工艺创新的影响，结果表明FDI对清洁生产技术创新和末端治理技术创新产生了正向的直接影响，而对两种绿色工艺创新产生了负向的间接影响，综合影响为负。贾军（2015）研究了外商直接投资与知识存量之间的关系，得出中国各地方政府的外资引进政策并未增强东道国的绿色技术创新能力，引资质量还需进一步提升。李国祥等（2016）分析了环境规制条件下外资和外贸对绿色技术创新的影响，结果显示环境规制下FDI、OFDI、进出口贸易对全国、东部和中部的绿色技术创新存在正向影响，对西部地区的影响不显著。

此外，一些学者分析了环境规制背景下FDI的环境创新效应。李斌等（2011）

利用中国省级面板数据，分析得出外商直接投资的引进有利于治污技术创新，但环境规制的不断加强会阻碍FDI流入。陈勇阳（2016）利用面板Tobit模型分别实证检验FDI对中国工业环境技术效率的影响，结果表明对于全行业、低污染排放和高污染排放行业，FDI均有利于提高中国工业环境技术效率，但环境规制会对这一效应产生负面作用，与李斌的结论一致。刘斌斌等（2017）考察了不同FDI和环境规制背景对绿色技术创新的影响，得到主要以合资方式进入环境规制较强地区的FDI对绿色技术创新效率有负影响，而主要以独资方式进入环境规制较弱地区的FDI对绿色技术创新效率有正影响。

2.3.3 关于地方政府竞争影响外商直接投资与环境污染关系的文献

由于国外政府不存在地方政府竞争这一概念，因此更多学者讨论财政分权对环境污染的影响。关于财政分权对地区环境质量的影响，存在两种不同的观点，在这两种观点下也得到了各自的经验证据。传统环境联邦主义观点认为，地方政府为了吸引投资，会放松对环境政策的监管，进而导致环境质量下降。Stewart等（1977）、Kunce和Shogren（2007）认为由于资本的流动性，地方政府担心相对较高的环境规制会导致本地区的资本向外部地区转移或者吸引不到外资，这种损失超过本地区环境改善的收益，从而会降低本地区的环境规制标准，使得各地区间展开环境规制的趋劣竞争，即“竞争到底”。Konisky（2007）认为低收入国家因为存在严重的“竞争到底”使得其成为发达国家的“污染避难所”。Sigman（2014）、Islam和Lopez（2014）指出央地分权体制会弱化地方政府对环境的治理，中央和地方政府会采取博弈的态度，最终不利于环境治理。Zhang等（2017）研究结果表明环境政策能降低碳排放，但财政分权弱化了环境政策的效果，导致环境政策实施后碳排放反而上升，这引起了“绿色悖论”。

另一种观点认为在分权体制下，如果地区的环境规制标准过低，就会导致相邻地区的污染流入本地，此时本地区就会出台更加严格的环境标准来驱赶这些污染型企业，因此分权反而能促进环境质量提升。Oates和Schwab

（2015）认为地方政府可以通过调整税率和财政来吸引新行业和居民的进入，而面对居民比较关心的环境质量，政府采取的途径是通过提供更高的环境水平。Millimet（2003）发现美国每个州采取的环境规制政策会受到相邻州的影响。相邻州更为严格的环境规制会导致更多的污染排放到本州，因此会引起本州环境规制的提高。Garcia（2007）对西班牙的中央与地方财政分权与各地区水资源治理的情况进行分析，发现当地区居民偏好不一样时，分权会使得各地区的环境治理效果更好。

国内学者更多探讨了财政分权体制下地方政府竞争的环境效应，并且大多数发现地方政府竞争不利于地区环境质量。刘津汝（2011）分析了中国财政分权背景下外商投资对单位GDP能耗的影响，得出外商直接投资会增加环境污染，财政分权制度使得各省份在节能减排问题上产生了竞次现象，而政府官员的晋升锦标赛加剧了各地方对于FDI的争夺，加剧了“污染避难所”效应。李子豪和刘辉煌（2013）、史青（2013）均实证得到外商直接投资对环境标准的影响与政府的廉洁程度有关，政府的腐败会加重FDI对环境污染的正影响程度。许和连（2014）通过城市面板数据分析得到，单独的外商直接投资对资源环境绩效存在正影响，但是地方政府为吸引FDI而展开的财政支出竞争对资源环境绩效的影响存在“门槛效应”。叶宏庆和宋一弘（2014）、马春文和武赫（2016）就中国经济分权背景下的环境污染、政府规制和外商直接投资的关系进行检验，发现外资进入中国产生的“污染避难所”现象存在；经济分权提高了地方政府发展辖区经济的积极性，但同时扭曲了引资竞争，表现之一就是弱化了政府对环境的规制力度，最终恶化了区域环境。刘海云（2017）利用省级数据，分析发现外商直接投资会增加区域的碳排放，而在环境规制下，这一负向环境效应会有所减弱。但是，目前地方政府为大力发展经济而竞相引入FDI的态势高于环境规制的效果。刘胜和顾乃华（2017）对转型时期地方官员不同激励动机所引致的生态效应进行了探讨，研究发现外商直接投资的环境友好型技术降低了地区环境污染，但异地交流激化了官员“为增长而竞争”，强化了“逐底竞争”行为，削弱了外商直接投资正向的环境效应。

仅有学者李斌等（2016）得出财政分权能促进FDI环境负效应降低的结论，

其分析了财政分权、FDI与绿色生产率的关系，发现外商直接投资与绿色全要素生产率呈显著的负相关，但是随着财政分权水平的提升，外商直接投资对绿色全要素生产率的恶化作用减弱。

2.3.4 关于不同地区外商直接投资与环境污染关系比较的文献

1.外商直接投资环境效应的区域差异

在分析外商直接投资环境效应的地区差异中，主要来自国内学者的研究，并且所得结论可以分为两类，第一类是外商直接投资对东部经济发达地区环境的负效应大于中、西部地区，第二类则恰好相反。对于第一类的文献，苏振东和周玮庆（2010）实证分析得到“污染避难所”假说在我国成立，并且外商直接投资对环境的负影响程度与分布情况一致，呈现出“东高西低”的梯度特征。陆亚琴（2011）研究发现外商直接投资对我国资源和环境造成的负面影响日益严重，进一步对不同地区展开分析，得到在东、中、西部地区外商直接投资每增加1%，工业废气分别增加0. 49%、0. 33%和0. 26%，说明东部地区FDI的环境负效应更强。郑效晨和刘渝琳（2012）分析结果表明FDI对环境产生了负的规模效应、负的结构效应和正的技术效应，由于在东部地区规模效应最强，使得FDI对东部地区污染的负向影响最重。周力和李静（2015）、曾慧（2016）同样得到外商直接投资对我国地区环境的负效应呈现“东高西低”的梯度特征。施震凯等（2017）分析发现外商直接投资在中国地区同时存在“污染天堂”和“污染光环”效应，其中对东部地区雾霾污染的负面影响最大，西部地区次之，而中部地区则存在一定的改善作用。

第二类文献中，贺文华（2010）分析发现FDI与环境污染之间的关系存在着区域差异，东部地区的FDI比中部地区更“清洁”。初善冰和黄安平（2011）对外商直接投资对区域生态效率的影响进行检验，发现外商直接投资对区域生态效率有显著的正向影响，但这种影响主要发生在东部地区，在中、西部地区则表现不明显。冷艳丽等（2015）研究发现内陆地区的外商直接投资对雾霾污染存在正向影响，而沿海地区的外商直接投资对雾霾污染的影响为负，其认为沿海地区外资的大规模涌入提高了沿海地区居民的收入水平，公众对环境质量要求的提高迫使政府提高引资标准，加大对环境污染的治理力度，而在内陆地区则可能通过降低环境规制引资，从而加剧污染。刘飞宇等（2016）、贺培和刘叶（2016）分析均发现东部地区FDI对于环境污染的治理效果最为明显，西部地区次之，中部地区最差，甚至可能产生强化污染的作用。郑强等（2017）研究得到“污染光环”假说在中国基本成立，同时分地区看，沿海和内陆地区FDI具有显著的“污染光环”效应，且前者强于后者，而沿边地区FDI具有不明显的“污染天堂”效应。

2.第三因素对外商直接投资环境效应的影响

由于外商直接投资环境效应的结论不一致，使得一些学者从第三因素角度出发，分析外商直接投资对环境的影响是否与流入国的制度环境、要素市场发育、政府效率等因素有关。Hale和Long（2006）对制度环境对FDI溢出效应的影响进行了研究，结果表明在发达国家中，制度要素对FDI溢出效应的影响为正，而在发展中国家，倾向于负影响，这个结果表明发达国家和发展中国家在制度方面的差异影响了外商直接投资的创新溢出。Song和Woo（2008）分析发现外商直接投资与环境污染之间存在收入的门槛效应，当地区收入水平较低时，当地对污染的承载力较高，FDI对环境倾向于负影响；而当收入较高时，将会促进环境规制程度加强，FDI对环境的负影响将逐渐降低。Cole和Fredriksson（2009）认为跨国公司对东道国环境的污染依赖于该国的政治制度及政治结构，如果东道国具有较好的市场环境，有利于外商直接投资技术效用的扩散和外溢，从而提高资源、能源使用效率，降低东道国的污染程度。

国内学者也探讨了地区人均收入、市场化进程、政府效率、地区产业结构等对外商直接投资环境效应的影响。李子豪等（2013）研究表明FDI环境效应受人均收入和人力资本的影响，在高人均收入、高人力资本地区，FDI显著改善了环境质量，而在低水平地区则相反。杨杰和卢进勇（2014）也得到外商直接投资对工业废水的治理能力（制约作用）随着人均收入的提高而增强。张鹏等（2013）分析了市场化对外商直接投资环境效应的影响，结果表明外商直接投资恶化了我国的生态环境，但是市场化水平较高的地区，外商直接投资能够改善区域的环境质量，而在市场化发展滞后的地区，外商直接投资却恶化了当地生态环境。吴凌芳（2015）实证得到政府行政效率较低时，外资显著恶化环境，政府行政效率较高时，外资改善环境。金淳（2017）分析发现外商直接投资改善了我国的环境污染，但区域经济发展水平也会影响二者的关系，在产业结构升级较慢、经济发展程度偏低的地区，增加外商直接投资有恶化环境的趋势；在产业结构合理、经济发展程度高的区域，引进外资有可能改善环境污染。

2.3.5 文献述评

通过对以上文献的系统梳理可以发现，目前关于外商直接投资与环境污染的关系这一传统热点问题的研究已经取得了大量的研究成果，但也可以看出，由于选择样本、方法、模型等差异，学者对于外商直接投资环境效应并未取得一致的结论，反而导致了结论的矛盾性和现实指导意义的模糊性。同时，这些文献总体上看存在几点缺陷：首先，这些文献得出了外商直接投资环境效应的方向性结论，但没有给出合理的解释机制；其次，一些学者从市场化、政府效率、产业结构等方面对不同地区外商直接投资环境效应的异质性展开了分析和解释，但没有考虑到公众意识的调节机制；最后，并没有分时期进行讨论，以探讨制度等背景转变下外商直接投资环境效应是否发生改变。与已有文献对比，本书研究内容的边际贡献体现在两个方面，也是对以往文献的补充。一是从外商直接投资的不同创新溢出、政府引资竞争转变和社会过滤等角度对外商直接投资环境效应的不同方面给出了解释，其中从创新角度将创新分解为生产性创新和生态型创新、从地区不同社会过滤角度来解释地区间外商直接投资环境效应的异质性这两点尚属首次；二是比较了2012—2016年和2004—2011年外商直接投资效应是否存在明显差异，党的十八大以来，无论是中央、地方还是公众对环境问题的态度和行为发生了根本性的转变，因此在考察外商直接投资环境效应时未考虑这一时间点，会导致结论的不准确，因此将两个时间段进行比较分析能得到更为新颖的结论。

第3章　我国外商直接投资和环境污染的演变分析

3.1 改革开放以来我国外资引进政策的历史演变

党的十一届三中全会制定了“以经济建设为中心”的基本路线，并将对外开放确定为一项基本国策。中国利用外商直接投资已经40多年，已经成为世界上最具吸引力的投资国家之一。在过去40多年中，中国为外商直接投资敞开的大门越来越大，与此同时，伴随着外商投资规模的增长，中国的经济也实现了腾飞。

纵观40年，中国的经济体制转轨是外商对华投资快速增加的主要决定因素，同时，改革开放初期我国内资上的资本和技术不足是我国需要大规模利用外资的现实需求，以及中国巨大的经济市场和市场需求是外商企业来华投资的动力，当然，中国利用外商直接投资更离不开政策上的支持和演变。根据不同阶段利用外资的不同政策，可以将改革开放以来40年的外商直接投资利用划分为五个阶段（王晓红等，2015；李蕊，2016）。

第一阶段，改革开放初期的试点阶段（1979—1983年）。1978年确立了改革开放的基本国策后，我国对外资利用进行了经济特区的试点。1979年颁布了《中华人民共和国中外合资经营企业法》，允许外国投资者与国内企业组建合资企业，标志我国利用外商直接投资的开始。1980年，中央正式将深圳、珠海、汕头、厦门设立为经济特区，在各方面政策上给予最大的支持。1983年国务院发布《关于加强利用外资工作的指示》《中国中外合资企业法实施条例》，确定了利用外资的方向和工作内容。在此阶段，投资来源主要以我国港澳台地区为主，投资规模偏小，增长速度较慢。投资主要集中于东部沿海以经济特区为中心的加工工业区。

第二阶段，由试点到扩大范围的阶段（1984—1991年）。在经济特区利用外资的成功经验下，中国开放了更多的沿海港口城市，1984年，开放了大连、天津、青岛等14个沿海城市，1985年陆续开放长三角、珠三角、山东半岛、辽东半岛等地区，1990年开发上海浦东新区。在政策方面，1986年，国务院发布了《关于鼓励外商投资的规定》，明确了对外商投资企业在所得税、土地、关税减免等方面的优惠，此后陆续颁布和修改《外商独资企业法》《独资企业法》的实施细则，放松了对外资企业的限制等。在此阶段，外商直接投资还主要是以点、线的形式在沿海和开放城市展开，尚未在全国铺开。

第三阶段，全面开放阶段（1992—2000年）。1992年，邓小平同志南方谈话后，清除了利用外资的理论障碍，此后中国对外开放和经济体制改革打开了新局面。国务院决定扩大对外开放的范围，实现沿江、沿线、沿边的全面开放格局。1995年6月，国务院发布了《指导外商投资方向暂行规定》和《外商投资产业指导目录》，1996年4月取消了对外资企业进口设备免征进口税的优惠待遇，同时中央政府下放了外商投资的审批权限。在此阶段，全球500强大型跨国公司开始纷纷来华投资，欧洲、美国、日本等是这一阶段的外资主要来源国家，制造业成为这些企业投资的主要领域。

第四阶段，加入WTO后的政策调整阶段（2001—2008年）。2001年中国正式加入世界贸易组织，对外开放进入了一个新阶段。在外资立法方面，根据世贸组织的有关要求，中国相继修订了《中外合资企业经营法》《中外合作企业经营法》《外资企业经营法》等相关法律法规，取消了对外资企业的很多限制性规定，利用外资政策实现由“优惠政策”到“国民待遇”的根本转变，并根据WTO的规定，逐步放开包括金融、电信等在内的服务业。2003年，我国超过美国成为吸引外商直接投资的最大东道国。在此阶段，国际直接投资联动形成的经济规模已经相当庞大，中国对外开放的深度和广度也在不断扩大。

第五阶段，金融危机以来的结构调整阶段（2009—2018年）。金融危机以来，我国经济进入结构调整期，在此阶段我国实际利用外资规模不再处于高速发展阶段，增长有所放缓。但是引资结构和质量有所优化，重点表现在外资结构由制造业为主向服务业为主转变，传统制造业向先进制造业转变，中、西部地区利用外资规模增速快于东部，地区结构失衡降低等。此外，2013年以来我国实施了“一带一路”倡议，“引进来”和“走出去”的外资利用方式开启，不仅加快了我国中、西部地区的发展，也有利于我国引资来源地和结构的转型。政策方面，先后出台《关于进一步做好利用外资工作的若干意见》《关于扩大对外开放积极利用外资若干措施的通知》等，积极通过外资促进我国经济结构良好发展。

3.2 我国外商直接投资利用的结构特征

根据上一节对改革开放40年来我国利用外资的阶段划分，本节将通过实际外商直接投资的来源地结构、方式结构、行业结构、地区结构四个方面来分析我国外商直接投资利用的结构特征。基于此，并结合数据的可获取性，本书选择五年（1985、1992、2001、2009和2016年）数据进行分析。

3.2.1 外商直接投资的来源地结构

在改革开放初期，来自我国港、澳、台地区的投资在我国内地（大陆）的利用招商引资中一直占据很高的比重，这源于港澳台地区与内地（大陆）关系非常亲密，地理距离也相近，具有天然的投资优势。而在20世纪90年代后，其他发达国家的大企业来华投资快速增加。表3-1显示了我国外商直接投资的来源地结构，可以看到，亚洲地区最高，改革开放40年期间，均超过60%，在1992年甚至一度接近90%；同时，其他地区的外商直接投资份额均不超过10%。可见我国外商直接投资的来源地主要是亚洲的结构并未改变。

表3-1 我国外商直接投资的来源地结构

来源地	1985	1992	2001	2009	2016
亚洲	66.21%	89.71%	63.17%	67.33%	78.44%
欧洲	8.88%	2.86%	9.57%	6.13%	7.49%
北美	18.74%	5.13%	10.87%	4.08%	2.46%
南美	0.41%	0.21%	13.46%	16.31%	9.70%
大洋	0.73%	0.34%	2.16%	2.81%	1.01%
非洲	0.00%	0.03%	0.70%	1.45%	0.89%
其他	5.03%	1.73%	0.06%	1.88%	0.02%
合计	100%	100%	100%	100%	100%

3.2.2 外商直接投资的方式结构

在来华投资的初期，由于国外投资者并不了解中国的情况，不得不借助中外合资经营和中外合作经营的投资方式，这也是我国的需要，在体制改革过程中，也不可能一步到位。而从20世纪90年代后期开始，外商独资企业的比例较快上升，1997年外商独资经营的项目数超过中外合资经营的项目数，1998年起外商独资经营企业的合同金额超过了中外合资经营项目的合同金额。从表3-2可见，我国外商直接投资的投资方式从合作经营比例最高向合资经营比例最高转变，而后又向独立外资经营比例最高转变。

表3-2 我国外商直接投资的投资方式结构

投资方式	1985	1992	2001	2009	2016
合资经营	34.22%	50.11%	33.59%	19.19%	23.97%
合作经营	58.95%	22.81%	13.26%	2.26%	0.66%
独立外资	0.77%	27.00%	50.94%	76.29%	68.35%
合作开发	6.06%	0.07%	1.09%	0.00%	0.00%
外商投资股份制企业	0.00%	0.00%	1.13%	2.27%	7.02%
合计	100%	100%	100%	100%	100%

3.2.3 外商直接投资的行业结构

最开始的来华投资主要在旅游宾馆、低端加工贸易制造业，此后工业制造领域的投资项目和投资额不断增加，从表3-3可见，直到1993年，第三产业的外商直接投资的规模还略高于第二产业，但在2001年，第二产业的投资规模远远超过第三产业。不过随着我国加入WTO，金融、通信、商务等服务业的外资直接投资快速增加，从2001年至2016年，第二产业的外商直接投资份额开始下降，而第三产业的外商直接投资份额开始上升，并远远超过第二产业。从行业角度看，制造业和房地产业一直是外资直接投资规模最大的两个行业。

表3-3 我国外商直接投资的行业结构

行业	1993	2001	2009	2016
第一产业	1.07%	1.92%	1.59%	1.51%
第二产业	49.40%	74.23%	55.62%	31.91%
其中：制造业	42.22%	65.93%	51.95%	28.17%
第三产业	49.53%	23.85%	42.79%	66.58%
其中：房地产业	19.64%	10.96%	18.66%	15.60%
合计	100%	100%	100%	100%

注：分行业的外商直接投资从1993年才开始统计。

3.2.4 外商直接投资的地区结构

从表3-4可见，在改革开放的头20年，由于我国主要在沿海地区设立经济特区，因此外商直接投资也主要流入这些地区，因此在沿海省份的外商直接投资占到全国的90%以上，东部和中、西部的差距非常明显，这一特征至今仍然存在。进入21世纪后，我国加快推进“中部崛起”和“西部大开发”两个战略，使得外资企业逐渐流入中、西部地区，东部和中、西部的外商直接投资规模的比例有所缩小，但是东部地区仍然占据绝对优势，并且主要集中于长三角、珠三角和京津冀三大经济圈，江苏、广东的实际外商直接投资额最高，青海、西藏的实际外商直接投资额最低。

表3-4 我国外商直接投资的地区结构

地区	1985	1992	2001	2009	2016
东部	89.50%	88.97%	86.46%	75.12%	60.64%
中部	5.61%	6.61%	9.59%	15.82%	30.13%
西部	4.89%	4.42%	3.95%	9.06%	9.23%
合计	100%	100%	100%	100%	100%

3.3 我国外商直接投资利用状况的统计描述

3.3.1 我国利用外商直接投资的整体状况

图3-1显示了我国1985年以来外商直接投资规模的变化趋势，从图中看到，在20世纪80年代，我国外商直接投资规模非常低，每年实际引资额不到40亿美元。从1992年开始，外商直接投资首度超过100亿美元，并且快速上升，直到1999年受亚洲金融危机影响有所回落，但随着中国加入WTO，外商直接投资又快速升高，直到2009年受全球性金融危机影响有所下滑外，其余年份均处于上升通道。2016年外商直接投资规模为1260. 01亿美元，比1985年增长了63. 4倍，年均增长14. 38%。

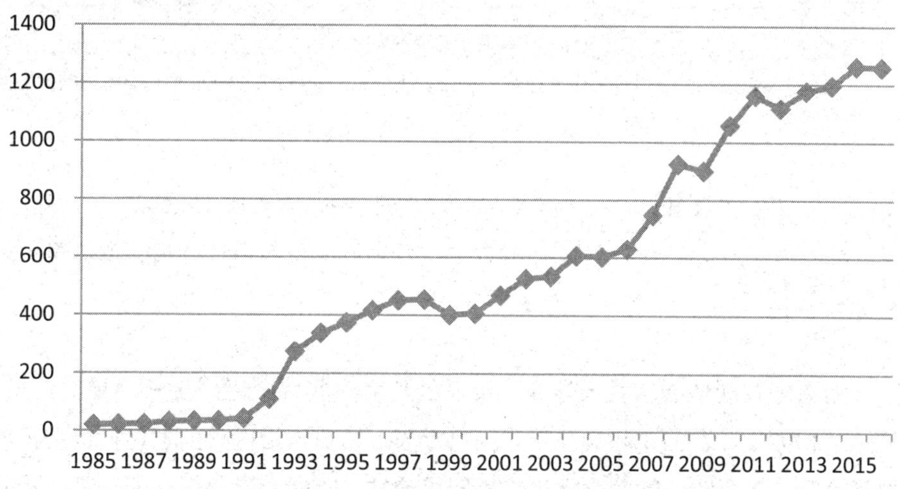

图3-1 我国实际外商直接投资的历年数值（亿美元）

3.3.2 我国利用外商直接投资的分地区状况

图3-2显示了我国东部、中部、西部按省份加总得到的外商直接投资变化趋势，可以看到，在20世纪80年代三个地区差异并不明显，东部与中、西部的差值很小，但从1992年开始，东部与中、西部之间的差距快速扩大，直到2014年。2015—2016年东部地区外商直接投资规模有所下降，使得与中、西部的差异有所缩小。中部地区和西部地区总体来看增长缓慢，但中部地区近几年增长较快，而西部地区同样在2015和2016年有所下降。

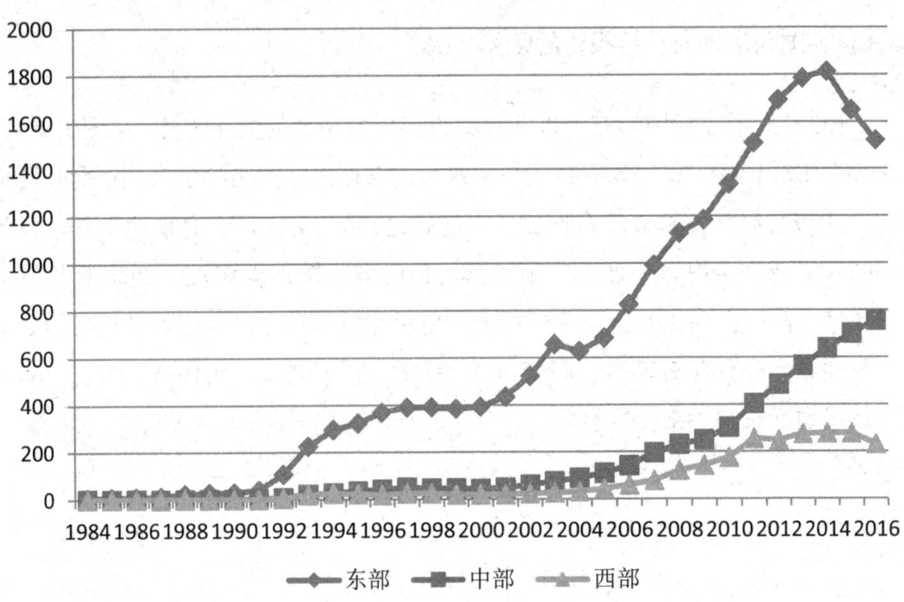

图3-2 我国东、中、西部地区外商直接投资的历年数值（亿美元）

注：由于地方统计口径与全国不同，因此地方之和超过全国，但不影响地区差异分析。

为更加直观地展示我国外商直接投资利用的区域变化，图3-3至图3-5分别显示了1992年、2004年和2016年我国31个省、市、自治区外商直接投资规模的地理分布。三个图的颜色分类均采用四等分法，即四个颜色标注的省份数量基本相等。从图3-3看到，1992年第一四分位省份均集中在沿海地区，包括广东、福建、上海、江苏、山东、海南、辽宁；第二四分位省份则分布在东部和部分中部地区，以及西部的广西；第三四分位省份则包括其余中部省份和与中部省份接壤的西部省份；第四个四分位省份则均是西部地区。由此可以看出，我国外商直接投资呈现“由东向西”的梯度特征。

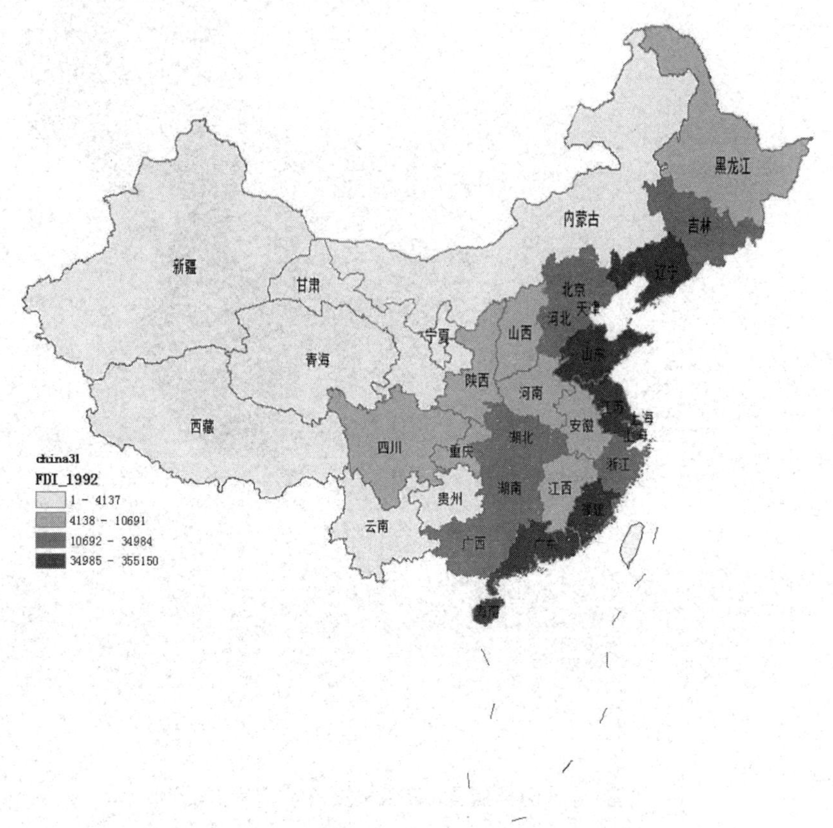

图3-3 1992年我国外商直接投资的省域空间分布

注：单位：万美元（下同）。

从图3-4看到，2004年第一四分位省份与1992年对比，浙江替代了海南，其余省份则不变；第二四分位省份则分布在京津冀和华中省份，以及黑龙江；第三四分位省份则包括安徽、吉林等中部省份和一些靠近中部区域的西部省份；第四四分位省份则包括主要是西部地区，同时还包括山西。外商直接投资的“由东向西”梯度特征依然非常明显。

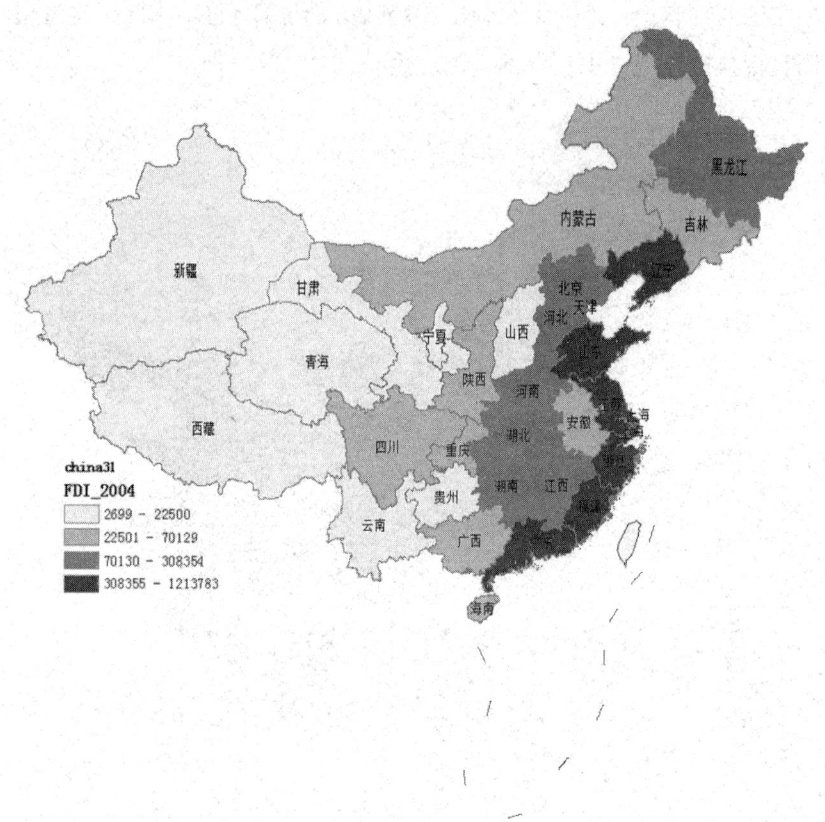

图3-4 2004年我国外商直接投资的省域空间分布

从图3-5看到，2016年第一四分位省份与2004年对比，河南替代了辽宁，成为首个进入第一梯队的中部省份；第二四分位省份则分布在京津冀和华中省份，以及西部的四川，辽宁和黑龙江的排名下降说明在2004—2016年期间东北地区的引资速度开始放缓，而中部、西部引资加快；第三四分位省份则主要包括东北、华北等区域；第四四分位省份则依然是西部地区。从2016年的地理分布可见，外商直接投资“东高西低”的梯度特征并未改变，但是中部和西部增长更快，东部和中、西部FDI规模差距开始缩小。

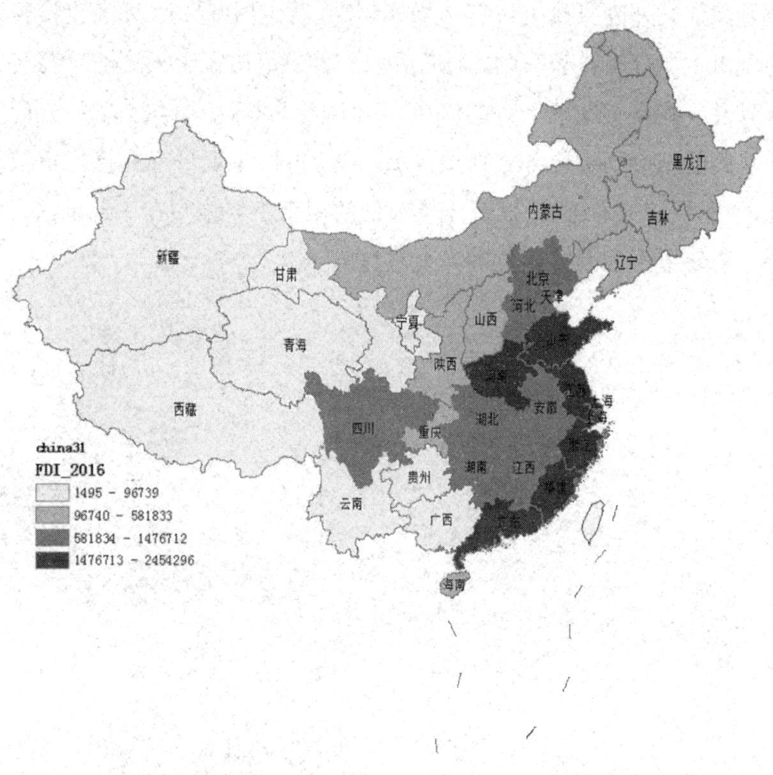

图3-5 2016年我国外商直接投资的省域空间分布

考虑到本书后期在运用实证模型法分析新时代我国外商直接投资的环境效应时，采用的是地级市数据而非省级数据，因此本书也对地级市数据进行空间地图描述。相对于省级数据，城市数据资源更少。本书主要选择《中国城市统计年鉴》统计的城市作为主要研究对象，考虑到在样本期间，《中国城市统计年鉴》收录的城市样本有变动，同时西藏自治区拉萨市数据缺失较为严重，不利于研究的完整性，为此本章将拉萨市删除，只对剩余30个省、市、自治区的267个地级市（含4个直辖市）2004年和2016年数据进行统计分析，数据来源于2005年和2017年《中国城市统计年鉴》。

图3-6显示了267个城市按2004年外商直接投资规模五等分的空间分布，地图颜色越深代表外商直接投资利用规模越高。从图中看到，外商直接投资规模最高的城市主要分布在长三角、珠三角、京津冀、山东半岛这四个经济最发达的地区以及一些具有地理优势的城市，如重庆、武汉、哈尔滨等；外商直接投资规模较高的城市则主要分布在最高城市的周围，说明外商直接投资很可能具有空间正相关性；外商直接投资规模较低的城市主要集中在中部地区，而最低的城市主要集中于西南、西北和东北地区。

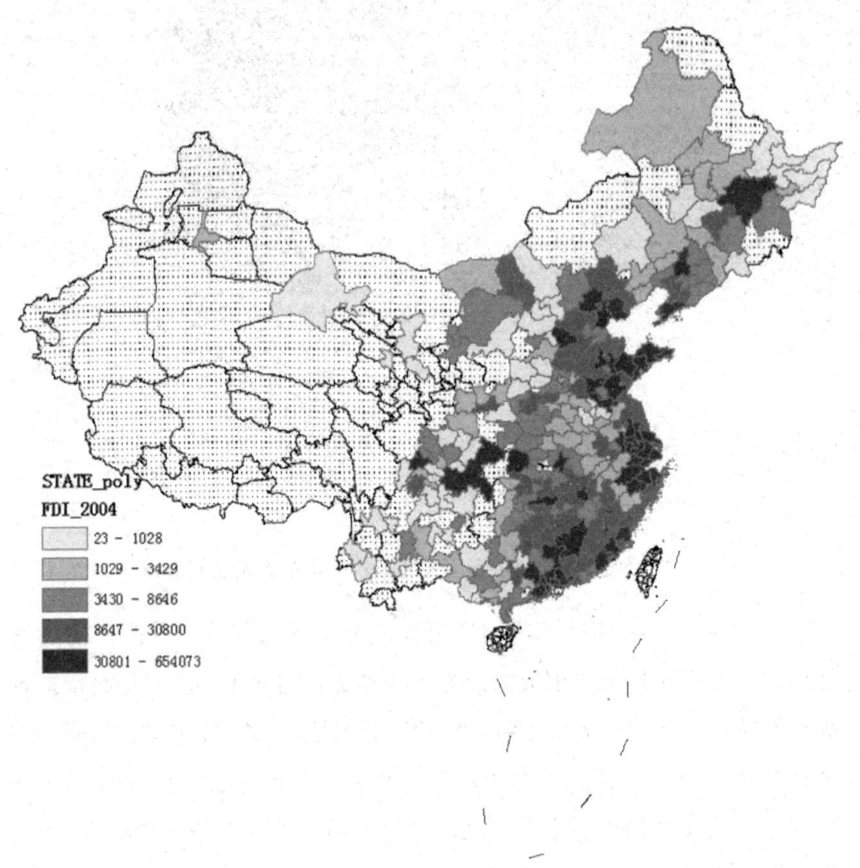

图3-6 2004年我国外商直接投资的地级市空间分布

图3-7显示了267个城市按2016年外商直接投资规模五等分的空间分布结果。从图中看到，外商直接投资规模最高的城市依然分布在长三角、珠三角、京津冀、山东半岛以及重庆、武汉、哈尔滨、鄂尔多斯等地区，与2004年变化不大；外商直接投资规模较高的城市则主要分布在最高城市的周围，同时中部地区的城市明显增多；外商直接投资规模较低的城市主要集中在广东、四川、东北等地区，而最低的城市主要集中于西部落后省份和东北地区。比较2004年和2016年，可见中部省份（河南、安徽等）很多城市的排名上升，而东部（广东）和东北（辽宁）一些城市的排名下降，西部除内蒙古外，排名变化不明显。

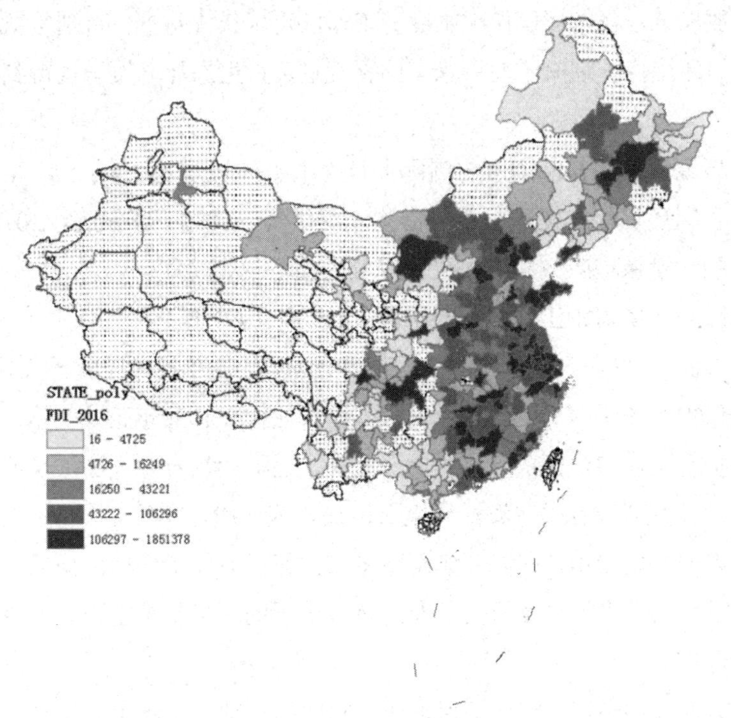

图3-7 2016年我国外商直接投资的地级市空间分布

总体来看，采用省级数据和地级市数据描绘的地区外商直接投资的变动特征与上一节我国外商直接投资的地区结构分析结论是一致的。东部地区和经济发达地区的外商直接投资规模依然最高，中部次之，西部最低，同时近些年，中、西部增长速度超过东部，差距有所缩小。

3.4 我国环境保护政策和工作的历史演变

改革开放40多年来，我国经济获得了快速发展，与此同时，由于先前未摆脱“先污染后治理”的思路，使得环境污染问题一度变得非常严峻，工业化、城市化和现代化发展过程中伴随的工业污染、大气污染、水污染、土地污染等问题十分突出，危及了我国正常的社会建设和人民群众的生活质量。由于环境问题具有典型的“外部性质”，因此政府在解决环境问题中具有不可替代的作用。改革开放以来，我国环境保护制度和工作取得了较大进展，特别是新时代以来，我国的环境保护迎来了前所未有的重视程度，生态环境质量也得到了明显改善。

我国的环境保护工作基本上与国际上几次人类环境发展大会同步[①]，这几次大会也对我国环境保护提供了重要借鉴（周生贤，2013；于洪亮，2013）。据此，我国的环境保护政策和工作也可以分为如下五个阶段：

第一阶段：环境保护工作的成长阶段（1979—1991 年）

在法规方面，1979年9月，《中华人民共和国环境保护法（试行）》颁布实施，使我国环境保护工作进入有法可依的时代。这一法律在1989年正式实施，说明我国环境保护有了法律法规的基本保障。此外，还陆续制定并颁布了《水污染防治法》《大气污染防治法》《海洋环境保护法》等法律。

在机构方面，1982年，在城乡建设环境保护部里设立了环境保护局，1984年，成立了国务院环境保护委员会，专门负责全国的环境保护工作。1988年设立国家环境保护局。

在政策方面，1983年，将环境保护作为我国的一项基本国策。确定了“经济建设、城乡建设与环境建设同步规划，同步实施，同步发展，实现经济效益、社会效益与环境效益的统一”的战略方针和“预防为主、防治结合、综合治

① 包括：1972 年联合国首次人类环境会议、1992 年联合国环境与发展大会、2002 年可持续发展世界首脑会议和 2012 年联合国可持续发展大会。

理”“谁污染谁治理”“强化环境管理”三大环境保护政策。1989年召开的第三次全国环境保护会议，确定了八项有中国特色的环境管理制度[①]。

在这一阶段，我国整体环境污染虽然并不十分严重，但污染已经开始蔓延，并且呈现局部污染严重的特点。

第二阶段：环境保护工作的加快发展阶段（1992—2001 年）

在法律方面，出台了《固体废物污染环境防治法》《环境噪声污染防治法》《防沙治沙法》等法律法规。

在机构方面，1998年，国家环境保护局升级为国家环境保护总局。

在政策方面，1992年，党中央、国务院发布《中国关于环境与发展问题的十大对策》，将实施可持续发展确立为国家战略。同年，把环境统计数据首次列入国民经济和社会发展统计公报，使环境质量和政府环境工作受到社会监督。1993年，在第二次全国工业污染防治会议上，提出了“三个转变”（从“末端治理”向全过程控制转变，从单纯浓度控制向浓度与总量控制相结合转变，从分散治理向分散与集中治理相结合转变）的工业污染治理部署。1996年，发布了《关于环境保护若干问题的决定》，大力推进“一控双达标”（控制主要污染物排放总量、工业污染源达标和重点城市的环境质量按功能区达标）工作。

在一这阶段，全国环境污染开始加剧，随着乡镇加速崛起，环境污染从城市向农村快速扩散和转移，此外公众环境意识偏低。

第三阶段：环境保护工作的深化发展阶段（2002—2011 年）

在法律方面，相继出台了《清洁生产促进法》《环境影响评价法》《放射性污染防治法》《可再生能源法》《循环经济促进法》等法律法规。

在机构方面，2008年，国家环境保护总局升级为国家环境保护部。

在政策方面，2003年10月提出了科学发展观，强调了人与自然和谐发展的思想。2005年，十六届五中全会提出了建设资源节约型和环境友好型社会的方

① 八项制度分别是：环境影响评价制度，环境保护“三同时”制度，排污收费制度，环保目标责任制度，城市环境综合整治定量考核制度，排污许可证制度，污染源限期治理制度，污染物集中控制制度。

针。2006年，第六次全国环境保护大会，提出了要加快实现三个转变：一是从重经济增长轻环境保护转变为保护环境与经济增长并重，二是从环境保护滞后于经济发展转变为环境保护和经济发展同步，三是从主要用行政办法保护环境转变为综合运用法律、经济、技术和必要的行政办法解决环境问题。此外，在2003—2010年期间，连续实施限制高污染、促进绿色产业的发展政策，包括制定节能减排目标、限制两高一资（高耗能、高污染和资源型）产业贷款、发展循环经济、提高可回收技术、促进环境评价体系建立等。

在此阶段，伴随着工业经济高速增长，我国环境污染仍然呈现高压态势，环境污染速度大于治理速度，一些企业环境保护意识不强，环保制度缺漏，经常造成严重的环境污染事件。

第四阶段：新时代生态环境改善阶段（2012 年至今）

在法律方面，2014年修订通过了新的《中华人民共和国环境保护法》，其中大气、水、固体废物、海洋环境、环评、环保税等领域的法律相继制（修）订。2015年修订了《大气污染防治法》。

在机构方面，2018年撤销了环境保护部，组建生态环境部。

在政策方面，党的十八大报告指出将生态文明建设放在突出地位，从源头上扭转生态环境恶化趋势，要把资源消耗、环境损害、生态效益纳入经济社会发展评价体系，完善最严格的环境保护制度。十八届三中全会《中共中央关于全面深化改革若干重大问题的决定》也指出建设生态文明，必须建立系统完整的生态文明制度体系，实行最严格的源头保护制度、损害赔偿制度、责任追究制度，完善环境治理和生态修复制度，用制度保护生态环境。党的十九大报告指出：必须树立和践行绿水青山就是金山银山的理念，统筹山水林田湖草系统治理，实行最严格的生态环境保护制度，形成绿色发展方式和生活方式。此外，2016年全面实施“河长制”，2018年也开始规划“湖长制”，将河流湖泊的生态纳入地方政府的考核系统中。中央也通过产业政策、财税政策等积极推进产业绿色转型，新能源汽车、太阳能光伏发电、新能源装备等产业快速发展。

在此阶段，我国生态环境得到了较大的改善，政府的环境保护执行力度和居民的环保意识大大增强，经济发展与环境保护这一传统的矛盾逐渐获得了化解。

3.5 我国环境污染水平的统计描述

3.5.1 我国环境污染水平的整体状况和结构特点

1.我国环境污染水平的整体状况

本书用工业中废水排放量、废气中二氧化硫和废气烟尘排放量之和作为环境污染的衡量指标，这主要是一方面考虑到目前《中国城市统计年鉴》中只列出这三个环境指标，另一方面二氧化硫和烟尘的工业排放量占全国排放量的80%以上，可以代表全国这两种污染物的变动趋势。图3-8显示了1985年以来我国工业废气排放量、工业废水排放量的变化情况，可以看见，2007年左右是一个时间临界点，在2007年以前两种工业污染有不同的变化趋势，其中工业废水先减后增，工业废气则震荡向上。2007年以后两种工业污染则具有较为一致的递减趋势。总体来看，我国工业环境污染在经历改革开放头30年的恶化后，在近10年有所好转，特别是党的十八大以来，改善效果显著。

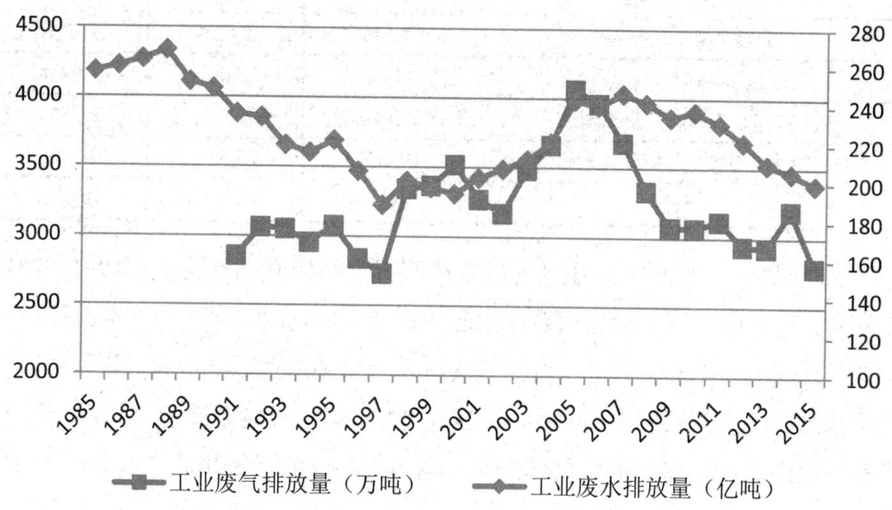

图3-8 我国不同工业污染排放量的历年数值

注：左纵坐标刻度工业废气，右纵坐标刻度工业废水。

2.我国环境污染水平的行业结构

表3-5进一步显示了工业废水排放量的行业结构变化情况。从1992年至2015年期间，工业废水排放量比例总体上升的行业有采矿业，食品、饮料及烟草制造业，纺织业，医药制造业，机械、电气、电子设备制造业，而总体下降的行业有化学原料及化学制品业，非金属矿物制品业，金属制品业及加工业，电力、热力、燃气及水的生产和供应业。可以看出，工业废水排放比例上升的主要是低能耗产业，而比例下降的主要是高能耗产业，这说明国家针对高能耗、高污染行业的环境污染治理具有一定成效。

表3-5 我国工业废水排放量的行业结构

工业废水	1992	2004	2015
采矿业	7.29%	5.67%	12.42%
食品、饮料及烟草制造业	8.64%	8.95%	14.52%
纺织业	5.88%	8.35%	11.11%
造纸及印刷业	9.64%	16.18%	13.14%
化学原料及化学制品业	23.56%	16.34%	14.12%
医药制造业	2.10%	2.17%	2.93%
非金属矿物制品业	3.51%	2.42%	1.57%
金属制品业及加工业	14.81%	12.05%	8.64%
机械、电气、电子设备制造业	5.91%	5.17%	6.58%
电力、热力、燃气及水的生产和供应业	9.16%	13.53%	4.88%
合计	90.49%	90.83%	89.91%

表3-6进一步显示了工业废气排放量的行业结构变化情况。在1992—2015年期间，工业废气排放量比例总体上升的行业有医药制造业、金属制品业及加工业，总体下降的有采矿业，食品、饮料及烟草制造业，纺织业，化学原料及化学制品业，非金属矿物制品业，机械、电气、电子设备制造业，电力、热力、燃气及水的生产和供应业。总体来看，高污染行业的污染排放比例有所下降。

表3-6　我国工业废气排放量的行业结构

工业废气	1992	2004	2015
采矿业	10.54%	2.23%	2.51%
食品、饮料及烟草制造业	4.70%	3.09%	3.22%
纺织业	2.97%	1.69%	1.28%
造纸及印刷业	2.33%	2.45%	2.06%
化学原料及化学制品业	7.62%	6.06%	3.93%
医药制造业	0.82%	0.53%	7.98%
非金属矿物制品业	9.49%	12.11%	0.50%
金属制品业及加工业	8.95%	10.33%	45.24%
机械、电气、电子设备制造业	3.33%	1.32%	1.37%
电力、热力、燃气及水的生产和供应业	44.00%	52.99%	29.24%
合计	94.75%	92.80%	97.33%

3.我国环境污染水平的地区结构

再观察地区演变结构，从表3-7看到，从1992年到2015年，东部地区的工业废水排放量比例上升，而中、西部地区的工业废水排放量比例总体下降。东部地区的工业废水排放量最高，其次是中部地区，西部地区最低。

表3-7　我国工业废水排放量的地区结构

工业废水	1992	2004	2015
东部	46.37%	52.24%	52.70%
中部	32.22%	25.64%	27.66%
西部	21.41%	22.12%	19.63%
合计	100%	100%	100%

从表3-8看到，从1992年到2015年，东部和西部地区的工业废气排放量比例有所下降，中部地区的工业废气排放量比例上升。但是，东部地区的工业废气排放量最高，其次是西部，中部地区最低。总体来看，东部地区工业环境污染排放量最高的态势并未改变，但地区之间差距的变化并不明显。

表3-8 我国工业废气排放量的地区结构

工业废气	1992	2004	2015
东部	39.30%	36.07%	36.31%
中部	24.86%	30.12%	30.42%
西部	35.84%	33.81%	33.27%
合计	100%	100%	100%

3.5.2 我国地区环境污染水平的分地区状况

为更加直观地展示我国工业环境污染的区域变化，图3-9至图3-11分别显示了1992年、2004年和2016年我国31个省、市、自治区工业废水排放量和工业废气（二氧化硫和烟尘之和）的地理空间分布。各图中颜色越深的地区，表示污染排放量越大。从图3-9左图看到，1992年工业废水排放量的第一、第二、第三四分位省份在东、中、西部均有分布，第四四分位省份则均是西部地区。由此可以看出，1992年时我国工业废水的排放量并未呈现"东高西低"的特征。

从图3-9右图看到，1992年工业废气排放量的第一四分位省份主要集中于华北、华东以及四川这几个省份，第二四分位省份则主要集中于华中和华南地区，第三四分位省份则在江南、西北、西南等地区，第四四分位省份则包括福建、海南以及西北地区。由此可以看出，1992年时我国工业废气的排放同样未呈现"东高西低"的特征。

从图3-10左图看到，工业废水中2004年工业废水排放量的第一、第二四分位省份在东、中、西部同样均有分布，但开始出现明显的集聚特征，第一四分位中东部省份开始增多，第三四分位则主要集中于东北、华北区域，而第四四分位省份依然是西部地区。

从右图看到，2004年工业废气排放量的第一四分位省份主要集中于华北、华东以及四川这几个省份，其中河南代替了辽宁；第二四分位省份则主要集中于华中和华南地区，同时浙江替代了黑龙江；第三四分位省份则分布在中部、东北、西北等地区；第四四分位省份则包括京津、福建、海南以及西部地区。

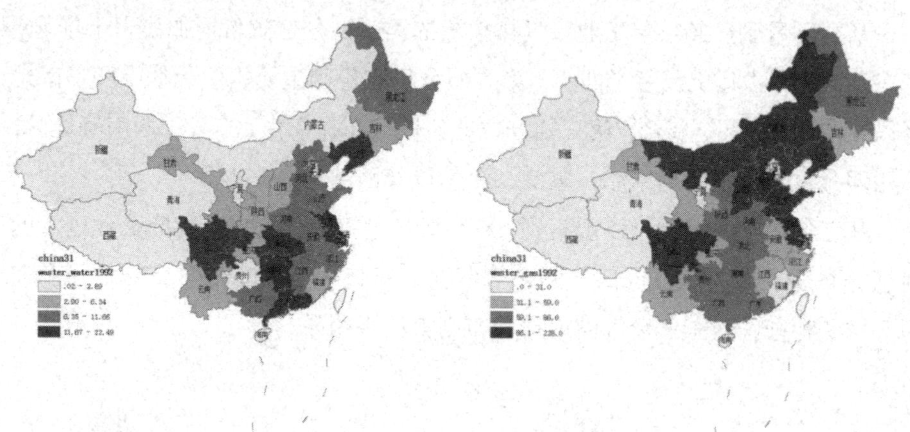

图3-9 1992年我国工业废水和工业废气的省域空间分布

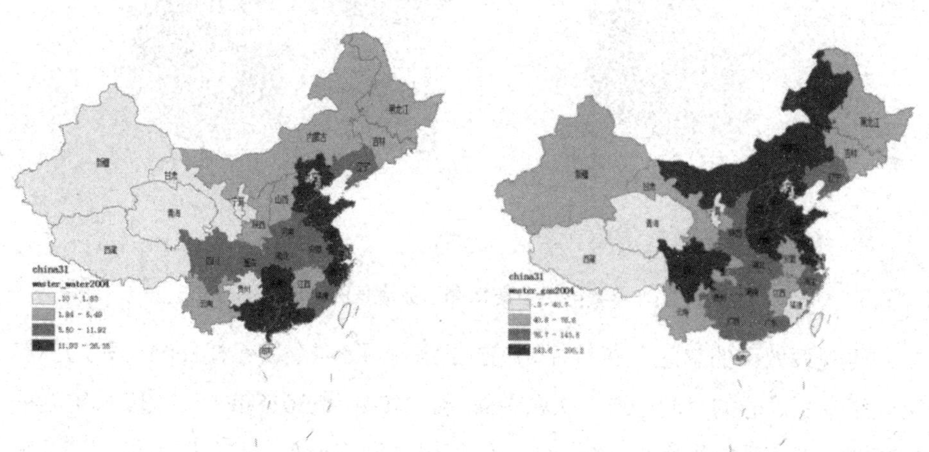

图3-10 2004年我国工业废水和工业废气的省域空间分布

从图3-11左图看到，工业废水中2015年工业废水排放量的第一四分位省份主要分布在东部地区以及中部的河南；第二四分位省份则主要分布在中部省份，以及辽宁、四川等地；第三四分位省份则分布在东北、华北和西南地区；第四四分位省份则主要分布在西北和西部地区。由此可见，在2015年我国工业废水的排放开始呈现“东高西低”的特征。

从右图看到，2015年工业废气排放量的第一四分位省份更加集中于华北、华东地区，其中辽宁代替了四川；第二四分位省份则主要集中于华中和华南地区以及陕西、四川、新疆；第三四分位省份则分布在东南、东北、西南等地区；第四四分位省份则包括京津、重庆、海南以及西部地区。

从三年的空间对比可以观察到，在1992年至2015年期间，我国工业废水的地理分布逐渐向“东高西低”的态势演变，2015年呈现非常明显的“由东向西”梯队特征，而工业废气的地理分布则变动不明显。

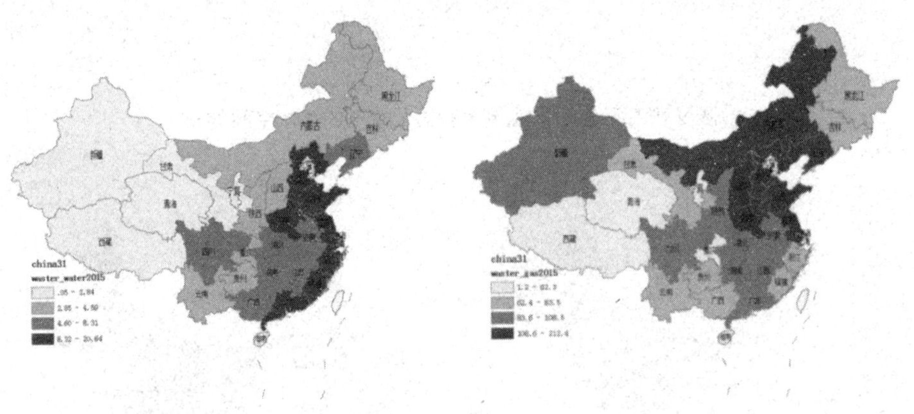

图3-11 2015年我国工业废水和工业废气的省域空间分布

再观察城市的空间分布特征。图3-12显示了267个城市按2004年和2015年工业废水五等分的空间分布。从图中看到，2004年和2015年中工业废水排放量最高的城市（颜色最深）在东、中、西部地区均有分布，但对比两年，可以明显看到，东部地区位于第一五分位的城市明显增多，2004年第一五分位城市中有33个属于东部地区，而2015年第一五分位城市中则达到了40个；同时，2004年第五五分位城市中有26个属于西部地区，而2015年第五五分位城市中则为19个。说明在2004年到2015年期间，工业废水排放量有“东移”结构特征，这与省级空间分布所得到的结论相同。

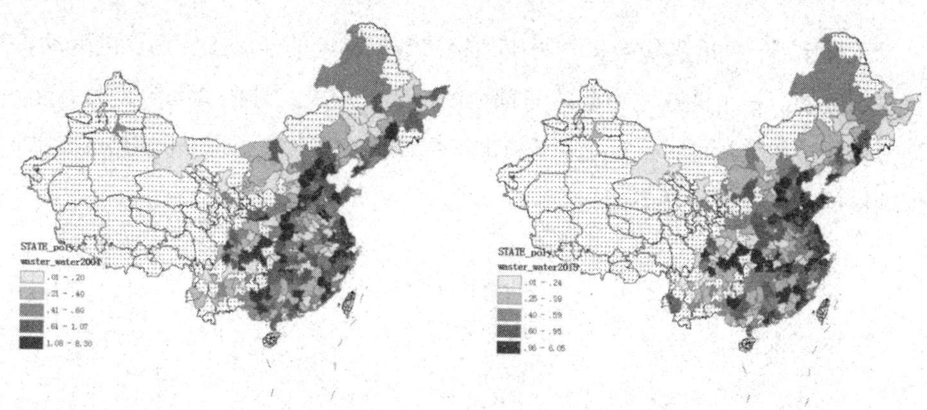

图3-12 2004和2015年我国工业废水的地级市空间分布

图3-13显示了267个城市按2004年和2015年工业废气五等分的空间分布。从图中看到，2004年和2015年中工业废水排放量最高的城市主要集中于华北地区，工业废水排放量最低的城市主要集中于中部、西南和西北地区。对比两年，2004年第一五分位城市中有22个属于东部地区，而2015年第一五分位城市中为24个；同时，2004年第五五分位城市中有18个属于西部地区，而2015年第五五分位城市中则达到了15个。说明在2004年到2015年期间，工业废气排放量的城市空间分布变化不大，也与省域空间结论相同。

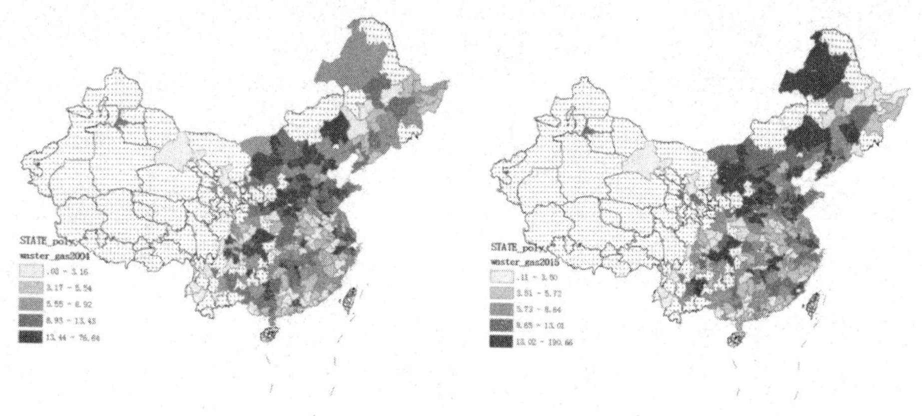

图3-13 2004和2015年我国工业废气的地级市空间分布

总体来看，采用省级数据和采用地级市数据描绘的地区工业污染的变动特征是一致的，在工业废水方面，东部地区排放量最大，且在全国的比例上升，西部地区排放量最低；在工业废气方面，东部地区排放量最高，中部地区最低，但地区间比例变动不明显。

第4章　外商直接投资、生态创新溢出与环境污染

4.1 引言

从理论上看，外商直接投资由于存在更为先进的技术，因此在对东道主国家或地区进行投资时，会产生技术外溢。从第2章的文献回顾中，也发现大多数国内外学者得出了外商直接投资能产生正向的技术外溢，说明外商直接投资促进东道主地区经济发展的同时，也促进了技术进步。此外，一些学者从“波特假说”的角度对外商直接投资能否产生溢出展开讨论，大多数学者（Ford等，2014；Yang和Yang，2015；原毅军等，2015；曾义等，2016）认为环境规制能促进企业加强创新投入。但是，当前存在的一个事实是，在加入WTO后，我国利用外商直接投资规模快速上升，环境污染却日益严重，特别是工业环境污染，已经远远超过了经济增长速度，对我国经济的可持续发展和居民的生活质量构成了巨大威胁。这个矛盾问题引人深思，一部分学者开始质疑外商直接投资到底释放了正的技术外溢，还是负的技术外溢，如李健等（2017）认为中国外商直接投资主要来自发展中国家，这些国家在技术上并非更加先进，因此在进驻后并未给中国带来更先进的技术，反而加剧了环境污染。也有学者分析认为对于发展中国家，利用外资和创新投入（或创新产出）很容易存在统计上的正相关，但是创新投入（或创新产出）主要来源于内部企业而非外资企业，因此外商直接投资无法通过创新溢出这一途径来影响环境污染。

本书认为，外商直接投资在拥有更加先进技术的环境下，关键在于能否产生正向的环境技术溢出。首先，在发展中国家，外商直接投资企业主要是通过东道主地区的廉价劳动力、资源优势、引资优惠、低环境标准等来开拓东道主地区市场，满足当地居民的需要，获得更多的经济利益，而非帮助东道主地区提高生产效率，在此情况下，生产要求很低，先进的生产技术不会自主释放，很难产生技术外溢。其次，即使外商直接投资存在技术外溢的机制，但是由于发展中国家与发达国家的环境规制水平不同，这使得外商投资企业会将更多的资本用于生产技术方面的创新，而减少在绿色生产、末端处理等方面的创新。因此，尽管外商直接投资产生了正向的生产技术外溢，但由于并未产生正向的环境技术外溢，仍然不利于生态环境的改善。

目前在探讨外商直接投资通过技术效应影响环境污染时，并未将技术效应进一步分解为生产性技术效应和生态型技术效应。但已有少数学者分析了环境规制对企业不同创新的影响，颉茂华等（2014）、陈雨柯（2018）分析发现环境规制对重污染企业非环保研发投入无影响，对环保研发投入有正影响，而谢荣辉（2017）则得出了相反的结论，其基于省级数据检验得到环境规制对非环保技术创新具有激励作用，对环保技术创新具有抑制作用。尽管这些学者的研究结论不一致，同时也未考虑外商直接投资这一因素，但为本书的研究提供了思路借鉴。新时代我国越来越重视生态环境的保护，对国内企业和引资企业的生产采取了更高的环境规制标准，这使得外商直接投资企业不能再不顾虑生产污染物的处理和生态环境，同时在近几年严厉的环保督查下，企业家也充分认识到通过一次性的环境处罚或临时的环境整改不再是长久之计。因此，企业更可能加大对生态环境创新的长期投入，这可能会改变外商直接投资与环境污染的传统关系，使外商直接投资的角色从“污染源”变为“污染光环”。

作者认为，我国进入产业结构调整的新常态阶段，对外商直接投资的行业类型也提出了更高要求，这使得来自发达国家的外资企业规模不断上升，这些企业普遍比内资企业拥有更高的生产技术。基于以上的分析，本章将外商直接投资的技术效应进一步分解为生产性技术效应和生态型技术效应，来分析新时代外商直接投资是否通过技术溢出影响环境污染。

4.2 假设的提出

从第3章的统计描述看到，在我国外商直接投资利用规模不断扩大的背景下，我国工业环境污染水平呈现先升后降的态势，环境污染排放量的临界点大约发生在2007年。但是，本书认为2008—2011年期间，我国工业环境污染下降的原因并不是环境治理效果的改善，更多是金融危机后期大量国内企业和外资企业的退出，造成环境污染总量的下降。2011年国家进行了巨额投资计划，出台了十个产业的振兴规划，导致我国部分产业产能过剩，在此背景下，环境污染仍然有所下降，说明此时环境政策得到了真正的执行。为此，本书将研究样本期按2011年进行划分，以把握传统和新时代经济运行模式下外商直接投资的环境效应。

在2004—2011年，中国“以经济建设为中心”的基本路线根深蒂固，这使得地方政府通过引进外商投资来带动经济的发展，在此期间，中国政府的环境保护政策不断加强。但是，由于“环境让位于经济”这一思想不仅被地方政府所执行，也被公众所认可，这直接带来了两个结果：一是地方政府逐渐降低了外商直接投资的引进标准，甚至采取各项优惠的竞争方式吸引外资企业，如刘建民等（2015）认为央地分权与地方政府竞争对环境污染起到明显的“竞次”效应，央地分权度提升会导致环境质量恶化。刘胜和顾乃华（2017）也指出外商直接投资的环境友好型技术能降低地区环境污染，但异地交流激化了官员“为增长而竞争”，强化了“逐底竞争”行为，削弱了外商直接投资正向的环境效应，最终演变为负效应。二是政府部门对外资企业的环境污染更多采取批评、处罚、整改等手段，而没有展开系统性的更加严厉的监管举措。李溪莹等（2002）就以企业尘毒危害分析了地方政府对外资企业的态度，指出在有的外资企业被查出有污染源危害时，被要求整改或罚款，但外资企业会找到地方政府，以撤资相威胁，最终使得地方政府妥协。耿曙等（2015）也指出1990年以来地方政府与外资间存在“双向寻租”，政府为了换取外资企业的投资落地，给提供大量优惠，也会在企业生产经营中提供一些“便利”。这些自然增长了外资企业以经济利益为中心的行为准则，即使存在更高的污染排放处理技术，也可能为了降低成本而放弃。因此，在此背景下，外商直接投资更多关注企业的产品生产和产品升级，而忽视了生产污染的治理，造成环境污染不断加大。在这一阶段，外商直接投资的技术效应主要是生产性的技术外溢，而缺乏生态型的技术外溢，因此，外商直接投资规模更大，会直接造成环境污染排放量加剧。基于此，本章提出第一个研究假设：

H1：在2004—2011年，外商直接投资会促进地区生产性创新溢出，而不会产生生态型创新溢出，总体上导致环境污染增加。

在2012—2016年，一个最明显的变化是中国政府对环境保护的力度加强。党的十八大报告指出："把生态文明建设放在突出地位，……，把资源消耗、环境损害、生态效益纳入经济社会发展评价体系，建立体现生态文明要求的考核体系。健全生态环境保护责任追究制度和环境损害赔偿制度。完善最严格的环境保护制度。"地方政府官员晋升考核方式的转变极大释放了地方的投资冲动，使得地方政府在引资中趋向于理性。施建华等（2017）发现地方政府官员态度转变导致企业排污量的减少，同时加大了企业的技术创新。这表明政策和制度的转变对外商直接投资与环境效应的关系产生深刻影响。十八届三中、四中、五中全会，十九大均对生态文明建设提出了更高要求。可见，中国政府对生态环境保护的态度和力度达到了前所未有的新高度。在此背景下，中央对企业的污染行为采取"一刀切"的操作方式，无论是内资企业还是外资企业，只要对环境产生了严重的影响，就要受到严厉的惩罚，甚至会被驱逐出市场。在此情况下会出现两层效果，一是地方政府不得不转变外商直接投资的引进思路，更加注重引资质量。2017年商务部也指出十八大以来我国吸收外资呈现四大亮点，其中一点是外资的质量不断提高，不仅引进了更多高新技术产业，同时在环保标准上大大提高。二是促进外资企业加大生态技术创新，如清洁生产技术和末端治理技术，以符合中国的环境标准。张伟（2012）指出应该加快利用外资来增强本地城市绿色创新能力的路径，不仅实现引资与环境的协调，同时能扩大内地企业的环保技术能力，这需要制度和政策方面的改进。因此，在这一阶段，外商直接投资的技术效应同时包括生产性技术外溢和生态型技术外溢，并且后者会促进环境问题改善。基于此，本章提出第二个研究假设：

H2：在2012—2016年，外商直接投资会促进地区生产性创新溢出和生态型创新溢出，总体上能降低环境污染。

4.3 实证研究设计

4.3.1 模型的构建

为检验上面的两个假设是否成立，本书采用地级市的面板数据计量模型进行检验，运用中介效应实证检验假设H1和假设H2。

第一阶段是分析外商直接投资对地区技术创新的影响，模型设定为：

$$innov_{it} = C + \alpha_1 \times fdi_{it} + \sum_j \beta_j X_{j,it} + region_i + year_t + \varepsilon_{it} \tag{4-1}$$

在模型（4-1）中，$innov_{it}$ 是第 i 个城市第 j 年的技术创新水平。本书考虑到企业在环境规制下的创新行为可以分为生产性和生态型技术创新两种，因此 $innov_{it}$ 不仅表示城市总技术创新水平，也表示城市生产性创新 $innov1_{it}$、生态型创新 $innov2_{it}$。fdi_{it} 表示外商直接投资规模，$X_{j,it}$ 表示第 j 个方程控制变量，$region_i$、$year_t$ 分别表示城市所在地区和时期虚拟变量。α_1 如果统计显著，其符号方向代表外商直接投资对技术创新的影响方向和影响程度。

第二阶段是分析技术创新对环境污染的影响。具体设定以下两个模型：

$$wa_{it} = C + \alpha_1 \times innov_{it} + \sum_j \beta_j X_{j,it} + region_i + year_t + \varepsilon_{it} \tag{4-2}$$

$$wa_{it} = C + \alpha_1 \times innov1_{it} + \alpha_2 \times innov2_{it} + \sum_j \beta_j X_{j,it} + region_i + year_t + \varepsilon_{it} \tag{4-3}$$

$$wa_{it} = C + \alpha_1 \times innov_{it} + \alpha_2 \times fdi_{it} + \sum_j \beta_j X_{j,it} + region_i + year_t + \varepsilon_{it} \tag{4-4}$$

$$wa_{it} = C + \alpha_1 \times innov1_{it} + \alpha_2 \times innov2_{it} + \alpha_3 \times fdi_{it} + \sum_j \beta_j X_{j,it} + region_i + year_t + \varepsilon_{it} \tag{4-5}$$

第三阶段是分析外商直接投资技术创新对环境污染的影响：

$$wa_{it} = C + \alpha_1 \times fdi_{it} + \beta_1 \times innov1_{it} + \beta_2 \times innov2_{it} + \sum_j \beta_j X_{j,it} + region_i + year_t + \varepsilon_{it} \tag{4-6}$$

在模型（4-2）、（4-3）中，wa_{it} 是城市环境污染水平，$innov_{it}$、$innov1_{it}$、

$innov2_{it}$ 分别表示城市总技术创新、生产性技术创新和生态型技术创新。模型（4-2）中 α_1 如果统计显著，其符号方向代表技术创新对环境污染的影响方向和影响程度，模型（4-3）中 α_1、α_2 如果统计显著，其符号方向分别代表生产性技术创新和生态型技术创新对环境污染的影响方向和影响程度。如果假设H1成立，则2004—2011年数据下模型（4-1）中以生态型创新作为因变量时，α_1 应统计不显著；如果假设H2成立，则2012—2016年数据下模型（4-1）中 α_1 应显著大于0。

4.3.2 样本选择

不同于已有较多文献从省级层面来检验外商直接投资的环境效应，本书侧重于从地级市的角度展开讨论。采用地级市数据代替省级数据的优势在于两个方面：一是缩小了省级内部的差异性，即当省级内城市间外商直接投资水平、环境污染水平存在较为明显的差异时，使用省级数据分析会忽略掉这种特征，导致结果不准确；另一方面，随着空间地理经济学的发展，变量间的空间关系越来越受到关注和重视，普遍来看，我国区域的发展特点是城市大于省，即变量间的空间相关性更可能发生在地级市之间而非省级之间。因此基于这两点，本章选择我国地级市数据对外商直接投资与环境污染的关系进行统计分析。

在第3章中，本书对西藏自治区以外的30个省、市、自治区共267个地级市（含4个直辖市）的数据进行统计描述[①]，但是考虑到有几个城市在样本期内缺乏数据，因此本章将进一步优化城市样本，最终城市数量为256个。各个指标数据均来源于2005—2017年《中国城市统计年鉴》，以及部分省份的统计年鉴，数据期间为2004—2016年。

① 本书采用中国内地地级市数据，不考虑港澳台地区。

4.3.3 变量选取和说明

1.外商直接投资

目前外商直接投资的衡量指标主要选择统计部门公布的统计数据进行衡量，即实际利用外商直接投资额。根据国家统计局的定义，外商直接投资是指外国企业和经济组织或个人（包括华侨、港澳台胞以及我国在境外注册的企业）根据我国有关政策、法规，用现汇、实物、技术等在我国境内开办外商独资企业、与我国境内的企业或经济组织共同举办中外合资经营企业、合作经营企业或合作开发资源的投资（包括外商投资收益的再投资）。目前学术上学者都直接采用官方公布的数据进行分析，本章也直接用《中国城市统计年鉴》中公布的城市当年实际利用外资额数据进行衡量，单位为万美元。

2.环境污染

外商直接投资造成的环境污染主要是工业环境污染。目前统计部门发布的工业污染主要包括工业废水、工业废气、工业废固三种污染，其中工业废气包括工业二氧化硫、工业氮氧化物、工业烟尘、工业粉尘四种污染源。然而《中国城市统计年鉴》只公布了城市工业废水、工业二氧化硫和工业烟尘三种污染源。因此本书主要以这三种污染源的排放量作为环境污染的代表。考虑到不同城市之间工业废水和工业废气的相关性不高，而工业二氧化硫和工业烟尘的相关性较高，因此将二者加和，即本章选择城市工业废水排放量和工业废气（工业二氧化硫与工业烟尘之和）排放量作为环境污染的代替指标。

3.城市技术创新

国内学者在检验“外商直接投资的技术创新效应”时大多数用总创新代替技术创新，而很少将技术创新按生产性技术创新和生态型技术创新进行区分，对此的主要原因是国内企业并未严格区分生产和环保研发投入、专利数，造成数据缺失。目前省级层面上，公布了工业企业R&D投入、专利等创新投入和产出数据，但地级市层面的创新指标非常稀少，目前仅能获得地级市的专利授权数量，为此本书采用该指标作为城市的技术创新水平。其次，借鉴Hamamoto（2006）的方法，将总技术创新分解为生产性技术创新和生态型技术创新。具体计算方法为：

$$innov2_t = \beta_{ER} \times \frac{\Delta ER_t}{ER_{t-1}} \times innov_t$$

$$innov1_t = innov_t - innov2_t$$

其中，$\Delta ER_t / ER_{t-1}$ 是环境规制水平的变化率，β_{ER} 是待估计系数，本章参考颉茂华等（2014）将其值取为1，$innov_t$ 是总技术创新，$innov1_t$ 表示生产性创新，$innov2_t$ 表示生态型创新。本章中，环境规制水平参考傅强等（2016）利用工业固体废物利用率进行衡量，指标数值越高，表示地区环境规制越强。

4.控制变量

对于上述模型的控制变量，根据数据可获得性和经济含义的原则，同时借鉴秦晓丽和于文超（2016）、刘飞宇和赵爱清（2016），本章最终选取城市工业经济规模、工业经济比重、人均经济水平、环境规制和政府财政支出五个变量。

工业经济规模：由于地区环境污染主要来自工业企业，同时外商直接投资所产生的污染也主要来自工业产业的外资企业，因此理论上工业经济规模越高，环境污染越大，二者存在正相关关系。对于工业经济规模，普遍采用工业增加值表示，但是由于《中国城市统计年鉴》和其他统计年鉴中并未公布地区工业增加值数据，为此本书用第二产业增加值代替。

工业经济比重：工业经济比重实际上是产业结构的另一层含义，前文中指出第一产业和第三产业的环境污染要低于第二产业，而配第-克拉克定理指出国民经济从第一产业向第二产业，再向第三产业发展，因此工业经济比重的高低将直接影响地区环境污染规模，二者存在理论上的正相关。对于该指标，最直接的是用工业增加值占地区生产总值的比重表示，但由于没有工业增加值指标数据，因此本书用第二产业增加值占地区生产总值的比重代理。

人均经济水平：环境库兹涅茨曲线描述了经济发展水平随着收入水平的变化，环境污染先增长后下降的发展轨迹，这意味着地区人均经济水平与环境污染存在着某种联系，可能是线性关系，也可能是非线性关系。对于该变量，目前主要有两个代理指标，第一个指标是人均地区生产总值，第二个指标是人均收入。由于缺乏市级的人均收入（只有城镇职工平均工资水平），因此本书用人均地区生产总值进行衡量。

环境规制：目前学者对于环境规制的衡量指标并不统一，较多学者用污染去除率衡量，包括工业二氧化硫（SO_2）去除率、废物利用率或去除率。本书认为在目前无法统计获得各个地区明文出台的环境规制政策文件的情况下，用废物利用率或者去除率来衡量环境规制有一定的合适性。本书选取各城市工业固体废物利用率来衡量环境规制程度，数值越高，表示地区环境规制越强。理论上环境规制与环境污染成负相关关系。

政府财政支出：政府财政支出是政府运用财政手段来治理经济和社会的方式，对于环境污染而言，地方政府的环境治理支出能显著改善污染水平。但是，由于《中国城市统计年鉴》只公布了2010年以前的环境治理支出，2011年后缺乏这一指标数据，为此本书用政府科教财政支出进行代理。科技和教育的进步能提高生产过程中和过程后的污染排放和治理能力，从而降低环境污染。

表4-1显示了各个变量的简单说明及预期系数符号。

表4-1 变量定义

变量类型	变量	符号	衡量变量	预期符号	均值
因变量	环境污染	*wa_water*	工业废水排放量		8039
		wa_gas	工业废气排放量（工业二氧化硫与工业烟尘排放量之和）		94 334
自变量	外商直接投资	*fdi*	实际利用外商直接投资额		71 767
中间变量	技术创新	*innov*	专利授权数量	+	3334
	生产性技术创新	*innov*1	生产性专利授权数量	+	3169
	生态型技术创新	*innov*2	生态型专利授权数量	−	165
控制变量	工业经济规模	*add*	第二产业增加值	+	8 237 493
	工业经济比重	*uis*	第二产业增加值比重	+	0.490
	人均经济水平	*pgdp*	人均地区生产总值	−	34183
	环境规制	*er*	工业固体废物利用率	−	0.81
	政府财政支出	*fex*	城市政府科学与教育财政支出	−	466540

4.4 实证结果及分析

4.4.1 空间相关性的判别

在对模型估计之前，需要先判断变量是否存在空间相关性，在变量存在空间相关性时，需要采用空间面板数据模型进行判别。目前，学术上一般选用Moran I指数来判断变量是否存在空间相关性。Moran I指数计算公式为：

$$Moran\ I=\frac{\sum_{i=1}^{n}\sum_{j\neq i}^{n}w_{ij}(y_i-\overline{y})(y_j-\overline{y})}{s^2\sum_{i=1}^{n}\sum_{j\neq i}^{n}w_{ij}}$$

其中，y_i为第i个地区的观测值，$\overline{y}$为研究变量的平均值，s^2为方差，w_{ij}为空间权重矩阵。Moran I指数大于0表示经济指标具有空间正相关性，小于0表示经济指标具有空间负相关性。对于Moran I指数可以用z统计量进行显著性检验。对于空间权重矩阵，常见的有三种选取方法，一是地理上相邻作为权重判别条件，如果两个地区地理上相邻，则权重为1，否则为0；二是以地理距离作为权重判别条件，一般采用两个地级市的城区距离的倒数作为权重因子；三是以经济距离作为权重判别条件，一般采用两个地区的人均GDP差距的倒数作为权重因子。本书将同时运用到这三种空间权重矩阵。

表4-2至表4-4显示了以相邻权重、地理距离权重和经济距离权重分别计算的外商直接投资、环境污染和技术创新（各指标均取自然对数处理）的空间Moran I指数值。可以看出，在2004—2016年期间，城市间的外商直接投资、环境污染以及总技术创新、生产性技术创新等变量存在地理相邻、距离相近和经济距离相近为权重的空间正相关性，即这些变量高的城市与这些变量高的城市相邻或相近或经济发展程度在一个水平。而生态型技术创新只在2011—2016年以地理相邻为权重下存在空间正相关，而在2011年以前以及地理距离、经济距离空间权重下不相关。

表4-2 地理相邻空间权重下变量的Moran I指数

年份	变量					
	外商直接投资	工业废水排放	工业废气排放	技术创新	生产性创新	生态型创新
2004	0.296***	0.101***	0.132***	0.125***	0.084***	-0.021
2005	0.286***	0.107***	0.151***	0.146***	0.104***	-0.019
2006	0.276***	0.136***	0.140***	0.150***	0.108***	0.014
2007	0.293***	0.134***	0.110***	0.158***	0.163***	0.004
2008	0.265***	0.137***	0.104***	0.159***	0.131***	-0.002
2009	0.266***	0.148***	0.099***	0.172***	0.146***	0.007
2010	0.270***	0.165***	0.101***	0.201***	0.200***	0.001
2011	0.236***	0.153***	0.152***	0.257***	0.253***	0.047***
2012	0.265***	0.154***	0.199***	0.293***	0.207***	0.034**
2013	0.237***	0.162***	0.189***	0.296***	0.110***	0.034*
2014	0.222***	0.149***	0.202***	0.293***	0.219***	0.025*
2015	0.240***	0.156***	0.187***	0.302***	0.124***	0.030*
2016	0.307***	0.180***	0.150***	0.289***	0.144***	0.018*

注：*、**、***分别表示在10%、5%和1%概率下统计显著，下同。

表4-3 地理距离空间权重下变量的Moran I指数

年份	变量					
	外商直接投资	工业废水排放	工业废气排放	技术创新	生产性创新	生态型创新
2004	0.129***	0.045***	0.055***	0.058***	0.044***	-0.008
2005	0.124***	0.049***	0.060***	0.060***	0.044***	-0.015*
2006	0.124***	0.059***	0.059***	0.063***	0.045***	-0.007
2007	0.127***	0.062***	0.038***	0.066***	0.064***	-0.011
2008	0.118***	0.061***	0.039***	0.068***	0.049***	-0.004
2009	0.127***	0.067***	0.035***	0.072***	0.063***	-0.003
2010	0.119***	0.071***	0.033***	0.085***	0.077***	0.002
2011	0.103***	0.072***	0.063***	0.103***	0.100***	0.005
2012	0.114***	0.068***	0.073***	0.112***	0.075***	0.001
2013	0.105***	0.069***	0.064***	0.115***	0.045***	-0.005
2014	0.100***	0.069***	0.077***	0.116***	0.087***	-0.007
2015	0.098***	0.071***	0.071***	0.121***	0.053***	-0.014
2016	0.120***	0.076***	0.050***	0.119***	0.052***	0.004

表4-4 经济距离空间权重下变量的Moran I指数

年份	变量					
	外商直接投资	工业废水排放	工业废气排放	技术创新	生产性创新	生态型创新
2004	0.248***	0.092***	0.038*	0.294***	0.201***	-0.015
2005	0.224***	0.089***	0.038*	0.288***	0.192***	0.042*
2006	0.246***	0.089***	0.042*	0.289***	0.173***	-0.001
2007	0.255***	0.066**	0.062**	0.308***	0.280***	0.007
2008	0.285***	0.068**	0.066**	0.309***	0.135***	-0.023
2009	0.279***	0.066**	0.090***	0.298***	0.216***	-0.001
2010	0.287***	0.080***	0.083***	0.312***	0.264***	-0.039
2011	0.291***	0.091***	0.072***	0.274***	0.252***	0.040*
2012	0.276***	0.080***	0.033	0.258***	0.182***	-0.026
2013	0.254***	0.076***	0.061**	0.249***	0.114***	-0.010
2014	0.241***	0.086***	0.093***	0.227***	0.183***	-0.045*
2015	0.193***	0.090***	0.077***	0.219***	0.112***	-0.032*
2016	0.162***	0.125***	0.079***	0.216***	0.084***	-0.074**

4.4.2 模型估计结果

1.整体样本期间的估计结果

由上面变量的空间相关性判断可知变量间存在空间相关性，因此应该将模型（4-1）至（4-3）进行修正，建立空间面板杜宾模型。修正的模型如下：

$$innov_{it}=C+\rho\boldsymbol{W}\times innov_{it}+\alpha_1\times fdi_{it}+\alpha_2\boldsymbol{W}\times fdi_{it}+\sum_j\beta_jX_{j,it}+region_i+year_t+\varepsilon_{it} \tag{4-7}$$

$$wa_{it}=C+\rho\boldsymbol{W}\times wa_{it}+\alpha_1\times innov_{it}+\alpha_2\boldsymbol{W}\times innov_{it}+\sum_j\beta_jX_{j,it}+region_i+year_t+\varepsilon_{it} \tag{4-8}$$

$$\begin{aligned}wa_{it}=C+\rho\boldsymbol{W}\times wa_{it}+\alpha_1\times innov1_{it}+\beta_1\boldsymbol{W}\times innov1_{it}+\alpha_2\times innov2_{it}+\\ \beta_2\boldsymbol{W}\times innov2_{it}+\sum_j\beta_jX_{j,it}+region_i+year_t+\varepsilon_{it}\end{aligned} \tag{4-9}$$

其中，在模型（4-7）中，$\boldsymbol{W}$ 为空间权重矩阵，ρ 反映了相邻地区技术创新对本地区技术创新的影响，α_2 反映了相邻地区外商直接投资对本地区技术创新的影响。在模型（4-8）和（4-9）中，ρ 反映了相邻地区环境污染对本地区环境污染的影响，α_2、β_1 和 β_2 分别反映了相邻地区总技术创新、生产性技术创新和生态型技术创新对本地区环境污染的影响。

目前空间计量模型方程主要有三类：一是空间滞后模型（SLM），二是空间误差模型（SEM），三是空间杜宾模型（SDM）。空间滞后模型是将因变量与空间权重的乘积项纳入方程自变量中，而空间误差模型是将残差与空间权重的乘积项纳入残差方程中，空间杜宾模型则是在SLM模型基础上将主要自变量与空间权重的乘积项纳入方程中。三个模型的表达式分别是：

SLM：$$innov_{it} = C + \rho \boldsymbol{W} \times innov_{it} + \alpha_1 \times fdi_{it} + \sum_j \beta_j X_{j,it} + region_i + year_t + \varepsilon_{it} \tag{4-10}$$

SEM：$$innov_{it} = C + \alpha_1 \times fdi_{it} + \sum_j \beta_j X_{j,it} + region_i + year_t + \varepsilon_{it}$$

$$\varepsilon_{it} = \lambda W_{it} \varepsilon_{it} + \xi_{it} \tag{4-11}$$

SDM：

$$innov_{it} = C + \rho \boldsymbol{W} \times innov_{it} + \alpha_1 \times fdi_{it} + \alpha_2 \boldsymbol{W} \times fdi_{it} + \sum_j \beta_j X_{j,it} + region_i + year_t + \varepsilon_{it} \tag{4-12}$$

对于以上三个模型需要进行模型选择。首先采用Wald或LR统计量检验判断空间杜宾模型是否可以退化为空间滞后模型、空间误差模型，如果都拒绝不能退化的原假设，则直接选择空间杜宾模型（SDM），否则选择空间滞后模型或空间误差模型。其次，运用LM检验进一步在空间滞后模型和空间误差模型中进行选取。Anselin和Florax（1995）提出了如下判别准则：如果LM-lag统计量较LM-err更加显著，且R-LMlag显著而R-LMerr不显著，可以判定SLM模型更加适合；相反，如果LMerr比LMlag在统计上更加显著，且R-LMerr显著而R-LMlag不显著，则可以断定SEM模型更为合适。本书利用LR统计量对SDM是否退化进行检验，如果退化则进一步利用LM统计量进行检验，否则不再检验。

对上述模型进行估计，得到以下结果，在采用不同空间矩阵进行估计时，得到了较高的稳健性结论，考虑到文章结构，本书只显示以相邻矩阵为权重时的估计结果。表4-5和表4-6显示了2004—2016年数据期间外商直接投资是否通过技术创新影响环境污染的模型结果。从表4-5看到，通过LR检验得到均拒绝退化为空间滞后模型、空间误差模型，因此模型选择空间杜宾模型，同时由Hausman检验得到模型确定为面板数据随机效应，拟合优度*R*2为0.654，Log-likelihood值为-2138.28，说明拟合效果较好。从模型估计结果看到，外商直接投资变量系数为0.043，在1%概率下统计显著，说明外商直接投资产生了显著的技术溢出，提高了地区总技术创新水平。五个控制变量中，第二产业增加值、人均生产总值高度显著为正，环境规制在10%概率下大于0，说明工业经济规模、人均生产总值和环境规制加强能提高地区创新水平，而产业结构和政府科教财政支出两个变量统计不显著。再观察与空间地理权重相关的两个变量，可以看到***W***×ln*innov*变量系数为0.765，高度统计显著，说明区域总技术创新具有空间正向溢出效应，这和Moran I指数的结果一致；***W***×ln*fdi*变量系数为-0.134，统计显著，说明相邻城市更高的外商直接投资规模，会降低本地区的技术创新水平。

再观察列（2）～列（5）的结果，可以看到无论是以工业废水还是用工业废气来衡量环境污染，总技术创新变量系数均高度显著为正，说明技术创新与地区环境污染正相关。五个控制变量中，第二产业规模和经济比重会导致污染加剧，而人均地区生产总值和科教财政支出增加会减轻工业废水污染，但对工业废气影响不大，环境规制则对两种工业污染均不产生显著影响。空间变量中，***W***×ln*innov*系数显著小于0，说明相邻地区技术创新增加能降低本地区环境污染；***W***×ln*wa_water*、***W***×ln*wa_gas*变量系数均大于0，说明工业污染具有空间集聚特征。

表4-5 外商直接投资环境效应的技术创新溢出分析I（2004—2016年）

因变量	ln*innov*	ln*wa_water*	ln*wa_water*	ln*wa_gas*	ln*wa_gas*
列	（1）	（2）	（3）	（4）	（5）
估计模型	SDM	SDM	SDM	SDM	SDM
ln*fdi*	0.043***		0.034***		0.002
	（0.000）		（0.001）		（0.847）

（续表）

因变量	ln*innov*	lnwa_*water*	lnwa_*water*	lnwa_*gas*	lnwa_*gas*
列	（1）	（2）	（3）	（4）	（5）
估计模型	SDM	SDM	SDM	SDM	SDM
ln*innov*		0.095***	0.092***	0.143***	0.138***
		（0.000）	（0.000）	（0.000）	（0.000）
ln*add*	0.310***	0.543***	0.527***	0.238***	0.244***
	（0.000）	（0.000）	（0.000）	（0.000）	（0.000）
uis	0.354	0.679***	−0.658***	0.532**	0.570**
	（0.135）	（0.001）	（0.001）	（0.017）	（0.011）
ln*pgdp*	0.306***	−0.306***	−0.326***	−0.105	−0.087
	（0.000）	（0.000）	（0.000）	（0.105）	（0.179）
er	0.098*	0.009	0.005	−0.070	−0.065
	（0.073）	（0.865）	（0.933）	（0.240）	（0.278）
ln*fex*	−0.022	−0.065*	−0.069**	0.007	0.014
	（0.541）	（0.062）	（0.046）	（0.849）	（0.709）
constant	−5.092***	0.990**	1.294***	2.270***	2.147***
	（0.000）	（0.029）	（0.005）	（0.000）	（0.000）
W×ln*innov*	0.765***	−0.192***	−0.183***	−0.241***	−0.232***
	（0.000）	（0.000）	（0.000）	（0.000）	（0.000）
W×ln*fdi*	−0.134***		−0.005		−0.040**
	（0.000）		（0.770）		（0.030）
W×lnwa_*water*		0.477***	0.463***		
		（0.000）	（0.000）		
W×lnwa_*gas*				0.593***	0.601***
				（0.000）	（0.000）
*LR*1 *prob*	132.35（0.000）	32.82（0.000）	48.69（0.000）	40.35（0.000）	43.88（0.000）
*LR*2 *prob*	189.96（0.000）	33.33（0.000）	53.09（0.000）	26.47（0.000）	29.87（0.000）
N	3328	3328	3328	3328	3328

注：括号内为*p*值，*、**、***分别表示在10%、5%和1%概率下统计显著，下同。

表4-6显示了将技术创新进一步分解为生产性技术创新和生态型技术创新。列（1）和列（2）显示外商直接投资对生产性技术创新存在显著的正向影

响，而对生态型技术创新影响不明显。控制变量显示第二产业规模和经济比重与生产性创新正相关，而与生态型创新不相关。人均生产总值会增加生产性创新，但会降低生态型创新，环境规制会降低生产性创新，但会增加生态型创新，科教财政支出则与两种创新规模都不相关。空间变量显示，相邻地区外商直接投资会降低本地区生产性创新，而对本地区生态型创新影响不明显；生产性创新和生态型创新则均具有空间正溢出性。

列（3）～列（6）显示生产性创新与环境污染正相关，而生态型创新与环境污染不相关。第二产业规模和经济比重对环境污染有显著正影响，而人均生产总值对环境污染有显著负影响，科教财政支出只对废水污染有正影响，而对废气污染不产生影响，环境规制则对环境污染不显著。空间变量中，***W***×ln*innov*1系数小于0，***W***×ln*innov*2系数不显著，说明相邻地区生产性技术创新增加能降低本地区环境污染，而生态型技术创新增加不影响本地区环境污染。***W***×ln*wa_water*、***W***×ln*wa_gas*变量系数均大于0，说明工业污染具有空间集聚特征。

表4-6 外商直接投资环境效应的技术创新溢出分析II（2004—2016年）

因变量	ln*innov*1	ln*innov*2	ln*wa_water*	ln*wa_water*	ln*wa_gas*	ln*wa_gas*
列	（1）	（2）	（3）	（4）	（5）	（6）
估计模型	SDM	SAR	SDM	SDM	SDM	SDM
ln*fdi*	0.106***	0.022		0.044***		0.014
	（0.000）	（0.788）		（0.000）		（0.210）
ln*innov*1			0.010*	0.010*	0.019***	0.018***
			（0.008）	（0.089）	（0.003）	（0.004）
ln*innov*2			0.002	0.001	0.003	0.003
			（0.474）	（0.495）	（0.192）	（0.204）
ln*add*	1.186***	0.666	0.544***	0.534***	0.280***	0.287***
	（0.000）	（0.313）	（0.000）	（0.000）	（0.000）	（0.000）
uis	3.409***	−0.490	0.480**	−0.471**	0.637***	0.680***
	（0.000）	（0.794）	（0.022）	（0.023）	（0.005）	（0.002）
ln*pgdp*	0.450***	−1.599**	−0.357***	−0.371***	−0.154**	−0.131**
	（0.000）	（0.014）	（0.000）	（0.000）	（0.021）	（0.047）
er	−0.968***	9.437***	0.043	0.038	−0.024	−0.022
	（0.000）	（0.000）	（0.457）	（0.514）	（0.705）	（0.728）

（续表）

因变量	ln*innov*1	ln*innov*2	ln*wa_water*	ln*wa_water*	ln*wa_gas*	ln*wa_gas*
列	（1）	（2）	（3）	（4）	（5）	（6）
估计模型	SDM	SAR	SDM	SDM	SDM	SDM
ln*fex*	-0.084	-0.223	-0.114***	-0.115***	-0.048	-0.037
	（0.335）	（0.461）	（0.001）	（0.001）	（0.197）	（0.325）
constant	-14.662***		1.640***	1.824***	2.402***	2.284***
	（0.000）		（0.000）	（0.000）	（0.000）	（0.000）
W×ln*fdi*	-0.143***			-0.028		-0.065***
	（0.000）			（0.112）		（0.001）
W×ln*innov*1	0.315***		-0.045***	-0.041***	-0.071***	-0.067***
	（0.000）		（0.002）	（0.006）	（0.000）	（0.000）
W×ln*innov*2		0.076*	-0.001	-0.001	-0.005	-0.004
		（0.051）	（0.879）	（0.906）	（0.478）	（0.594）
W×ln*wa_water*			0.469***	0.464***		
			（0.000）	（0.000）		
W×ln*wa_gas*					0.595***	0.602***
					（0.000）	（0.000）
*LR*1 *prob*	16.83（0.000）	3.57（0.734）	33.16（0.000）	51.40（0.000）	16.41（0.022）	20.63（0.008）
*LR*2 *prob*	24.47（0.000）	3.02（0.806）	34.23（0.000）	56.41（0.000）	18.72（0.009）	22.84（0.004）
LMlag Prob		30.13（0.000）				
LMerr Prob		7.89（0.121）				
N	3328	3328	3328	3328	3328	3328

表4-5和表4-6的结果表明在2004—2016年整个时期，外商直接投资会通过技术创新溢出效应，导致环境污染加剧，而这种技术创新来自生产性技术创新，外商直接投资并未产生生态创新效应。总体上表明我国外商直接投资存在环境污染负效应，符合“污染天堂”假说。

2.2004—2011年的估计结果

进一步将整个样本划分为2004—2011年和2012—2016年两个时期的子样本。表4-7和表4-8显示了2004—2011年的模型估计结果。可以看到，表4-7列（1）中外商直接投资变量系数在5%概率下大于0，说明在2004—2011年，外商直接投资也会促进总技术创新水平上升。空间变量中，***W***×ln*innov*系数显著大于0，***W***×ln*fdi*系数显著小于0，与表4-5结果一致。列（2）和列（3）中，技术创新变量均高度显著为正，同时***W***×ln*innov*系数显著小于0，***W***×lnwa_water、***W***×lnwa_gas变量系数大于0，也与表4-5有相同结果，表明在2004—2011年，外商直接投资能产生技术创新溢出，但这种技术创新溢出会导致污染加剧，总体上看，外商直接投资存在环境污染的负效应。

表4-7 外商直接投资环境效应的技术创新溢出分析I（2004—2011年）

因变量	ln*innov*	lnwa_water	lnwa_water	lnwa_gas	lnwa_gas
列	（1）	（2）	（3）	（4）	（5）
估计模型	SDM	SDM	SDM	SDM	SDM
ln*fdi*	0.029**		0.023**		0.009*
	（0.021）		（0.048）		（0.055）
ln*innov*		0.094***	0.086***	0.102***	0.086***
		（0.000）	（0.000）	（0.000）	（0.000）
ln*add*	0.849***	0.811***	0.795***	0.460***	0.472***
	（0.000）	（0.000）	（0.000）	（0.000）	（0.000）
uis	1.863***	1.231***	-1.161***	0.165	0.219
	（0.000）	（0.000）	（0.000）	（0.605）	（0.491）
ln*pgdp*	-0.086	-0.385***	-0.363***	-0.141*	-0.099
	（0.300）	（0.000）	（0.000）	（0.066）	（0.193）
er	0.031	0.098	0.101	-0.137*	-0.124*
	（0.645）	（0.110）	（0.103）	（0.062）	（0.091）
ln*fex*	-0.069	-0.260***	-0.248***	-0.115**	-0.092*
	（0.163）	（0.000）	（0.000）	（0.020）	（0.062）
constant	-7.354***	1.109**	1.003*	3.096***	2.789***
	（0.000）	（0.037）	（0.066）	（0.000）	（0.000）
W×ln*innov*	0.670***	-0.105***	-0.088***	-0.217***	-0.184***
	（0.000）	（0.000）	（0.002）	（0.000）	（0.000）
W×ln*fdi*	-0.130***		-0.055***		-0.100***
	（0.000）		（0.007）		（0.000）
W×lnwa_water		0.323***	0.347***		
		（0.000）	（0.000）		
W×lnwa_gas				0.409***	0.423***
				（0.000）	（0.000）

（续表）

因变量	ln*innov*	ln*wa_water*	ln*wa_water*	ln*wa_gas*	ln*wa_gas*
列	（1）	（2）	（3）	（4）	（5）
估计模型	SDM	SDM	SDM	SDM	SDM
*LR*1 *prob*	36.20（0.000）	20.12（0.003）	21.34（0.000）	40.18（0.000）	40.69（0.000）
*LR*2 *prob*	85.44（0.000）	18.52（0.005）	19.51（0.000）	31.25（0.000）	31.62（0.000）
N	2048	2048	2048	2048	2048

表4-8进一步显示，列（1）和列（2）显示外商直接投资对生产性技术创新存在显著正向影响，对生态型技术创新影响不明显。空间变量显示，相邻地区外商直接投资会降低本地区生产性创新，而对本地区生态型创新影响不明显；生产性创新具有空间正溢出，生态型创新则不具有空间正溢出。列（3）～列（6）显示生产性创新与环境污染正相关，而生态型创新与环境污染不相关。空间变量中，***W***×ln*wa_water*、***W***×ln*wa_gas*变量系数均显示工业废水和工业废气排放量具有空间正相关性；用工业废水衡量污染水平时，***W***×ln*innov*1、***W***×ln*innov*2系数均不显著，而用工业废气衡量污染水平时，两个变量均显著小于0，说明相邻地区生产性技术创新和生态型创新均能降低本地区工业废气排放量，而对工业废水排放量影响不明显。

表4-8 外商直接投资环境效应的技术创新溢出分析II（2004—2011年）

因变量	ln*innov*1	ln*innov*2	ln*wa_water*	ln*wa_water*	ln*wa_gas*	ln*wa_gas*
列	（1）	（2）	（3）	（4）	（5）	（6）
估计模型	SDM	SAR	SDM	SDM	SDM	SDM
ln*fdi*	0.085**	0.059		0.028**		0.016
	（0.013）	（0.551）		（0.014）		（0.245）
ln*innov*1			0.090*	0.009	0.066**	0.015*
			（0.081）	（0.244）	（0.041）	（0.091）
ln*innov*2			0.002	0.002	0.002	0.001
			（0.412）	（0.448）	（0.620）	（0.632）
ln*add*	1.579***	0.753	0.907***	0.881***	0.568***	0.563***
	（0.000）	（0.458）	（0.000）	（0.000）	（0.000）	（0.000）
uis	4.618***	−0.290	0.405***	−1.315***	0.018	0.108
	（0.000）	（0.922）	（0.000）	（0.000）	（0.956）	（0.729）

（续表）

因变量	ln*innov*1	ln*innov*2	ln*wa_water*	ln*wa_water*	ln*wa_gas*	ln*wa_gas*
列	（1）	（2）	（3）	（4）	（5）	（6）
估计模型	SDM	SAR	SDM	SDM	SDM	SDM
ln*pgdp*	0.413***	-1.572*	-0.442***	-0.407***	-0.214***	-0.155**
	（0.001）	（0.088）	（0.000）	（0.000）	（0.005）	（0.040）
er	-1.441***	9.963***	0.117*	0.114*	-0.080	-0.080
	（0.000）	（0.000）	（0.082）	（0.088）	（0.316）	（0.317）
ln*fex*	-0.353***	-0.598	-0.307***	-0.286***	-0.169***	-0.133***
	（0.001）	（0.139）	（0.000）	（0.000）	（0.000）	（0.006）
constant	-15.921***		1.092**	0.907*	3.111***	2.762***
	（0.000）		（0.031）	（0.080）	（0.000）	（0.000）
W×ln*fdi*	-0.112**			-0.069***		-0.115***
	（0.018）			（0.001）		（0.000）
W×ln*innov*1	0.279***		0.000	0.006	-0.113***	-0.099***
	（0.002）		（0.994）	（0.736）	（0.000）	（0.000）
W×ln*innov*2		0.064	-0.006	-0.005	-0.038***	-0.033***
		（0.186）	（0.436）	（0.583）	（0.000）	（0.001）
W× ln*wa_water*			0.284***	0.317***		
			（0.001）	（0.000）		
W×ln*wa_gas*					0.379***	0.399***
					（0.000）	（0.000）
*LR*1 *prob*	11.90（0.064）	1.44（0.963）	27.49（0.000）	28.75（0.000）	43.53（0.000）	32.13（0.000）
*LR*2 *prob*	15.46（0.017）	2.24（0.896）	26.60（0.000）	27.64（0.000）	34.35（0.000）	28.66（0.000）
		27.98（0.000）				
		5.49（0.265）				
N	2048	2048	2048	2048	2048	2048

表4-7和表4-8的结果表明在2004—2011年期间，外商直接投资会通过生产性技术创新溢出效应，导致环境污染加剧，而生态型技术创新溢出效应不明显。说明在2004—2011年，外商直接投资与环境污染的关系符合“污染天堂”假说，外商直接投资导致工业环境污染加重。

3.2012—2016年的估计结果

表4-9和表4-10显示了2012—2016年的模型估计结果。可以看到，表4-9

列（1）中外商直接投资变量系数在5%概率下小于0，说明在2012—2016年，外商直接投资会导致总技术创新水平下降。空间变量中，***W***×ln*innov*系数显著大于0，***W***×ln*fdi*系数则统计不显著，说明技术创新具有空间正溢出性，而外商直接投资则不存在空间溢出。列（2）和列（4）中，技术创新变量均统计不显著，同时***W***×ln*innov*系数不显著，***W***×ln*wa_water*、***W***×ln*wa_gas*变量系数大于0，也表明在2012—2016年总技术创新对相邻地区环境污染影响不明显，同时环境污染仍然存在空间正溢出性。列（3）和列（5）证实外商直接投资会增加环境污染，且会通过技术创新产生环境污染的空间正溢出。

表4-9　外商直接投资环境效应的技术创新溢出分析I（2012—2016年）

因变量	ln*innov*	ln*wa_water*	ln*wa_water*	ln*wa_gas*	ln*wa_gas*
列	（1）	（2）	（3）	（4）	（5）
估计模型	SDM	SDM	SDM	SDM	SDM
ln*fdi*	−0.025**		0.050***		0.007
	（0.031）		（0.002）		（0.692）
ln*innov*		−0.050	0.137***	0.057	0.135***
		（0.159）	（0.000）	（0.177）	（0.000）
ln*add*	−0.056	−0.064	0.434***	0.101	0.285***
	（0.402）	（0.441）	（0.000）	（0.309）	（0.000）
uis	0.448*	1.879***	0.708**	1.088***	1.059***
	（0.087）	（0.000）	（0.023）	（0.008）	（0.003）
ln*pgdp*	0.369***	−0.203*	−0.355***	−0.359**	−0.117
	（0.000）	（0.095）	（0.000）	（0.013）	（0.216）
er	0.130**	0.099	0.147*	0.208**	0.184*
	（0.048）	（0.231）	（0.094）	（0.036）	（0.073）
ln*fex*	−0.041	−0.038	0.056	0.026	0.051
	（0.251）	（0.403）	（0.233）	（0.632）	（0.357）
constant	−9.324***	0.326	0.983	2.358**	2.202**
	（0.000）	（0.710）	（0.279）	（0.017）	（0.030）
W×ln*innov*	0.531***	−0.300***	−0.271***	−0.445***	−0.407***
	（0.000）	（0.000）	（0.000）	（0.000）	（0.000）
W×ln*fdi*	−0.090***		−0.025		−0.076***
	（0.000）		（0.348）		（0.008）

（续表）

因变量	ln*innov*	lnwa_*water*	lnwa_*water*	lnwa_*gas*	lnwa_*gas*
列	（1）	（2）	（3）	（4）	（5）
估计模型	SDM	SDM	SDM	SDM	SDM
W×lnwa_*water*		0.474***	0.463***		
		（0.000）	（0.000）		
W×lnwa_*gas*				0.600***	0.631***
				（0.000）	（0.000）
*LR*1 *prob*	61.79（0.000）	20.32（0.002）	21.81（0.000）	36.77（0.000）	37.99（0.000）
*LR*2 *prob*	126.24（0.000）	31.80（0.000）	35.25（0.000）	32.34（0.000）	34.01（0.000）
N	1280	1280	1280	1280	1280

表4-10显示，列（1）和列（2）显示外商直接投资对生产性技术创新存在显著负向影响，对生态型技术创新存在显著正向影响，说明2012—2016年外商直接投资抑制生产性技术创新，而增加生态型技术创新。空间变量中，仅***W***×ln*fdi*变量在列（2）中负向统计显著，说明相邻地区外商直接投资增加会降低本地区生态环境创新，***W***×ln*innov*1、***W***×ln*innov*2统计不显著，说明2012—2016年，技术创新不存在空间溢出效应。列（3）～列（6）显示生产性创新与环境污染不相关，而生态型创新与环境污染存在负相关，说明生态型技术创新能降低环境污染，而生产性技术创新对环境污染影响不明显。空间变量中，***W***×lnwa_*water*、***W***×lnwa_*gas*变量系数均显示工业废水和工业废气排放量具有空间正相关性；***W***×ln*innov*1、***W***×ln*innov*2系数均不显著，说明相邻地区技术创新对本地区环境污染影响不明显。

表4-10 外商直接投资环境效应的技术创新溢出分析II（2012—2016年）

因变量	ln*innov*1	ln*innov*2	lnwa_*water*	lnwa_*water*	lnwa_*gas*	lnwa_*gas*
列	（1）	（2）	（3）	（4）	（5）	（6）
估计模型	SAR	SAR	SDM	SDM	SDM	SDM
ln*fdi*	−0.162**	0.220**		0.071***		0.042**
	（0.018）	（0.026）		（0.000）		（0.023）
ln*innov*1			0.003	0.011	0.011	0.012
			（0.591）	（0.113）	（0.127）	（0.155）

（续表）

因变量	ln*innov*1	ln*innov*2	ln*wa_water*	ln*wa_water*	ln*wa_gas*	ln*wa_gas*
列	（1）	（2）	（3）	（4）	（5）	（6）
估计模型	SAR	SAR	SDM	SDM	SDM	SDM
ln*innov*2			−0.001**	0.001	−0.003**	−0.001
			（0.038）	（0.827）	（0.045）	（0.816）
ln*add*	−0.126	1.509	−0.050	0.481***	0.118	0.312***
	（0.739）	（0.164）	（0.537）	（0.000）	（0.224）	（0.000）
uis	−2.094	4.795	1.798***	0.982***	1.066***	1.487***
	（0.134）	（0.229）	（0.000）	（0.001）	（0.005）	（0.000）
ln*pgdp*	1.358***	−3.299**	−0.205*	−0.437***	−0.340**	−0.248**
	（0.008）	（0.022）	（0.070）	（0.000）	（0.010）	（0.011）
er	−4.075***	21.046***	0.118	0.198**	−0.329***	0.245**
	（0.000）	（0.000）	（0.215）	（0.044）	（0.004）	（0.037）
ln*fex*	0.217	−0.593	−0.033	0.032	0.026	0.002
	（0.300）	（0.325）	（0.459）	（0.494）	（0.624）	（0.967）
constant				1.184		2.557***
				（0.164）		（0.008）
W×ln*fdi*	0.063	−0.628**		−0.058**		−0.149***
	（0.558）	（0.043）		（0.027）		（0.000）
W×ln*innov*1	0.006		0.008	−0.054**	0.032	−0.089***
	（0.963）		（0.717）	（0.012）	（0.203）	（0.000）
W×ln*innov*2		0.052	−0.001	0.004	−0.001	0.004
		（0.679）	（0.835）	（0.562）	（0.886）	（0.626）
W× ln*wa_water*			0.485***	0.405***		
			（0.000）	（0.000）		
W×ln*wa_gas*					0.812***	0.623***
					（0.000）	（0.000）
*LR*1 *prob*	4.55（0.603）	5.79（0.447）	23.75（0.000）	21.81（0.000）	38.00（0.000）	37.99（0.000）
*LR*2 *prob*	4.55（0.603）	5.90（0.434）	37.23（0.000）	35.25（0.000）	33.96（0.000）	34.01（0.000）
LMlag Prob	24.05（0.000）	20.73（0.000）				
LMerr Prob	4.55（0.342）	3.89（0.473）				
N	1280	1280	1280	1280	1280	1280

表4-9和表4-10的结果表明在2012—2016年期间，外商直接投资会通过生

态型技术创新溢出效应，降低环境污染，而生产性技术创新溢出效应不明显。说明在新时代背景下外商直接投资与环境污染的关系符合“污染光环”假说，外商直接投资导致工业环境污染降低。

由此表明，前面提出的假设H1是成立的，在2004—2011年，外商直接投资更加专注于生产性创新来提高生产规模和生产效率，因此城市利用外商直接投资更多，不仅会直接产生更多的工业污染，同时也会产生生产技术溢出，促进其他企业生产规模和效率，间接引起工业污染排放增加，因此这一时期外商直接投资与环境污染之间是正相关关系，符合“污染天堂”现象；假设H2只成立一半，在2012—2016年阶段，随着中国对生态环境的态度和政策转变，外资企业也不得不提高污染排放处理标准，因此外商投资企业会增加生态型创新，由于国外企业的排污处理技术比国内企业更加先进或者被逼迫增加创新研发，这种技术外溢能降低工业生产的污染排放，有利于改善环境，因此这一时期外商直接投资与环境污染之间是负相关关系，符合“污染光环”现象。而在这个阶段，外商直接投资的生产性技术创新溢出并非正向，而是负向，与假设H2相反，对此，本书认为有三个方面因素：一是在2012—2016年，市场竞争变得更加激烈，外资企业可能在知识产权保护下不愿意释放更多先进的生产技术；二是即使有技术溢出，国内企业学习、模仿以及技术购买成本上升，也会抑制FDI先进技术的扩散；三是来自发展中国家的FDI规模和比例上升，这些企业甚至比国内企业技术更落后。因此综合这三点，外商直接投资的生产性技术创新溢出由正转负，这也表明近几年我国创新能力不断提升主要来自国内企业的自主创新。

4.5 本章小结

本章在考虑新时代背景下我国对生态环境的态度和政策转变，将样本按照十八大前后划分为2004—2011年和2012—2016年两个子样本，利用地级市面板数据及空间面板数据模型，分析我国外商直接投资规模不断扩大背景下，环境污染先增后降的根本原因。结果发现，在2004—2011年，外商直接投资会直接和通过生产性技术创新溢出间接促进环境污染加剧，外商直接投资的环境效应符合“污染天堂”假说；而在2012—2016年，外商直接投资会直接和通过生态型技术创新溢出间接降低工业环境污染，外商直接投资的环境效应符合“污染光环”假说。由此表明2004—2016年中国外商直接投资的环境效应发生了改变，而中央环境政策转变下的FDI生态型技术创新的溢出是促进工业污染排放减少的主要因素。

第5章 外商直接投资、官员考核方式与环境污染

5.1 引言

从第3章我国环境政策的历史演变可以看出，在2008年金融危机以前，中央政府不断出台各项环境政策和完善各项法律法规。但是，为何仍然出现一面环境政策加强、一面环境污染加重的“绿色悖论”现象？对此许多学者（张华，2014；罗能生，2017）进行了理论机制分析，认为地方政府对中央环境政策的“非完全执行”是导致环境政策失效、企业研发创新投入减少的主要原因。而地方政府之所以敢“违抗”中央政策，主要在于地方政府官员存在私人利益动机。改革开放以来，党的工作重心由政治转向经济。为提高地方政府发展经济和维护市场改革的积极性，中央采取了两项改革措施：一是1994年的财政分权改革，央地分权制度给予了地方足够的发展空间，但以经济建设为中心的政治目标驱动地方政府优先发展经济（Wei等，2016）；二是1988—1995年期间，中央组织部逐渐完善了地方政府领导的考核制度，在这项制度中，辖区工业总产值、财政收入和税收等成为政府官员晋升考核的主要指标体系（岳金桂等，2018），实际上，这一“经济目标责任制”更为具体地负载GDP单一指标。官员政绩考核制度极大地激励了地方领导发展本地经济，同时，在缺乏内资的情况下，地方政府迫切希望引进外部企业和资本，甚至为了吸引更多外商投资，展开“趋劣型”的引资竞争（周黎安，2007）。在这种与经济挂钩的绩效考核制度下，官员们信奉着“不怕群众不满意，就怕领导不注意”的态度，使得环

境保护在内的公共福利缺乏足够的财政资金支持，环境质量下降，地方政府甚至为扩大地方经济总量，对污染未达标但经济贡献大的企业采取模糊的环境态度，使中央环境政策执行效果大打折扣（姜珂等，2016），最终导致环境污染问题加剧。

近几年很多学者对我国的环境规制与外商直接投资的关系展开了分析，普遍认可“逐底竞争”的结论。Kunce和Schgren（2007）认为由于地方政府担心较高的环境规制会吸引不到外部资本或使得本地区的资本向外流动，这种损失将超过环境规制的正经济性，从而会降低环境规制标准，使得各地区间展开环境规制的“竞争到底”现象。朱平芳等（2011）基于地级市数据发现国内地方政府为吸引外商直接投资而导致的环境政策博弈显著存在。王艳丽和钟奥（2016）分析得到地方政府存在竞相降低环境规制标准以吸引高耗能产业投资的现象。可见，在过去央地分权和地方经济目标动机下，部分环境政策被地方政府不完全执行，地方政府更有可能通过细化和软化环境政策工具来实现吸引外商直接投资和不与中央环境政策冲突之间的平衡。由于地方政府间往往存在相互竞争，这导致地方政府会纷纷降低环境规制，这种“逐底竞争”行为会降低中央环境政策的效用，最终不利于环境问题。

显然，过去的考核方式并不合理，主要体现在两个方面：一是考核系统过度依赖经济，使得政府官员围绕着GDP转，弥漫着浓厚的“招商引资”气息；二是考核缺乏民意性，考核的主体主要是上级官员，缺乏广大群众的参与评判与监督，使得民众期待的环境、教育等福利得不到支持。不过，新一届政府领导人上任以来，逐渐扭转了这一考核系统，2012年党的十八大报告指出要把资源消耗、环境损害、生态效益纳入经济社会发展评价体系，推进政府绩效管理。2013年6月，习近平总书记在全国组织工作会议上明确指出，要改进考核方法手段，将民生改善、社会进步、生态效益等指标和实绩作为重要的考核内容。同年11月，党的十八届三中全会通过的《全面深化改革若干重大问题的决定》明确要求“完善发展成果考核评价体系，纠正单纯以经济增长速度评定政绩的偏向”。2013年中央组织部更是出台《关于改进地方党政领导班子和领导干部政绩考核工作的通知》，明确指出政绩考核不能仅仅把地区生产总值及增长率作为晋升考核评价的主要指标，强化约束性指标考核，加大资源消耗、环境保护、消化产能过剩、安全生产等指标权重。这说明我国中央对地方发展的要求已经发生转变，“以GDP论英雄”的时代已经过去，进入了地方官员生态环境考核在内的新时代。

总体来看，2012年以来不仅中央对地方政府的绩效考核系统发生了根本性的转变，同时地方政府也在习近平总书记的生态环境思想下转变了工作方向。这两个转变对地方的经济发展策略和生态环境保护起到了重要的推动作用，一方面地方政府的“招商引资”将由数量竞争逐步过渡到质量竞争，高污染的外资企业将被阻挡在国门外；另一方面，对前期和现阶段的企业污染进行整治和处罚，逐渐改善生态环境。因此，本书认为，在进入产业结构调整的新常态阶段，我国对地方经济的发展方式也发生了转变，加上中央对政府官员考核系统的“升级”，地方政府将由被动保护生态环境转向主动保护生态环境，同时也会对外商直接投资企业提出更高要求。基于以上分析，本章将讨论地方政府官员考核体系转变下外商直接投资与环境污染的关系，对转变前和转变后进行对比分析。

5.2 假设的提出

为识别十八大以后的新时代背景，同时避免与第4章概念混淆，本章仍然将研究样本期按2011年进行划分，这与我国地方政府官员考核方式转变的时间点是一致的。

在2004—2011年，中央和地方政府一直延续着“唯GDP论英雄”的思想，无论是上级政府的考核，还是地方政府的主要工作方向，都把地方经济发展作为重点内容，这也产生了地方政府间的“经济竞标赛”（周黎安，2007；张华，2014），由于外商直接投资资源有限，因此很多地区纷纷采取各种引资优惠举措来吸引外资，其中就包括降低环境规制标准。许和连和邓玉萍（2014）分析得出地方政府为吸引FDI而展开的财政支出竞争对资源环境绩效的影响存在“门槛效应”。刘海云和龚梦琪（2017）分析指出外商直接投资会增加区域的碳排放，而在环境规制下，这一负向环境效应会有所减弱。但是，目前地方政府为大力发展经济而竞相引入FDI的态势高于环境规制的效果。刘胜（2017）也认同这一论点。由此看出，在上下政府仍然将经济发展作为主要工作内容的背景下，一些高污染、高能耗的外资企业进入了我国大部分城市，造成了生态环境质量的急剧下降。由此，不合理的制度会导致地方政府官员根据私人利益动机来选择性执政，由于我国长期以来缺乏“用手投票”和“用脚投票”机制（Tiebout，1956），公众的需求无法传递和反馈到政府层面，因此政府的行为不受社会制约。最终在不合理制度和社会监督缺失下，“重经济轻环境”的现象发生。基于这些分析，本章提出第一个研究假设：

H1：在2004—2011年，在以GDP为主要考核指标下，地方政府会加强引资竞争，同时降低环境规制水平，最终导致环境污染加剧。

新时代背景下，中央逐渐认识到生态环境保护的重要性，强调绿色生产的经济增长方式，与此同时，也及时扭转过去不合理的地方政府官员考核方式，将资源消耗、环境损害、生态效益纳入经济社会发展评价体系，并实行最严格的生态环境保护制度。此后，地方政府纷纷响应中央政府的政策，在重视经济集约型、高效性发展的同时，也将生态环境摆在突出地位。2013年天津、湖南、江西等省市均强调了生态环境保护的重要性。2014年1月，云南省委书记指出，改善生态环境就是发展生产力。同年，北京、河北、江苏等省市也纷纷落实生态建设。2015年惠州、东莞、淄博、许昌、黄冈、西安、大理等城市都谋划了生态发展路线。在2016年两会期间，湖北省委书记表示，要把修复长江生态环境放在压倒性位置。浙江省委书记表示，不把污泥浊水、违章建筑、脏乱差带进“十三五”，以环境倒逼转型升级。河北省委书记也表示，产能、项目上不上，不仅看产业标准，更要看环保标准，坚守发展和生态两条底线。西藏自治区政府也发表了相同态度。在2017年环保督查过程中，31个省、市、自治区的“一把手”均对生态环境保护进行了积极表态。地级市方面，2016年，江西省11位市委书记、辽宁省14位市委书记，2017年，浙江、福建、黑龙江等省部分市委书记，2018年，山东、四川等省部分市委书记均发表了把生态环境放在突出位置的态度和观点。

在此背景下，尽管地方政府仍然需要外商直接投资来支持本地经济发展，但一方面更加注重引资质量和生态性，另一方面也提高了环境规制水平，对国内和国外的污染企业采取一致的处罚标准，甚至对污染型企业采取“一票否决”。因此由外资企业带来的环境污染问题得到了明显的改善，一些学者（施建华等，2017）也进行了分析，结果表明地方政府官员态度转变会导致企业排污量的减少，同时会加大企业的技术创新。这表明，对地方政府考核方式的转变能引导政府官员调整工作内容，充分说明了制度合理性对外商直接投资环境效应存在着深刻影响。基于这些分析，本章提出第二个研究假设：

H2：在2012—2016年，生态环境、资源节约等纳入地方政府官员考核系统中，地方政府会更加注重引资质量和生态保护，环境污染将得到改善。

5.3 实证研究设计

5.3.1 模型的构建

为检验上面的两个假设是否成立，本章仍然采用地级市的面板数据计量模型。本章考虑采用两种方法来检验地方政府官员考核制度转变对外商直接投资环境效应的影响，第一种是直接分两个时期估计外商直接投资对环境污染的影响；第二种是采用调节效应的方式，即引入外商直接投资与政府官员考核方式的交叉项，来观察考核制度转变的调节作用。由第4章控制变量存在空间相关性，因此建立空间面板数据模型。

$$wa_{it} = C + \rho \boldsymbol{W} \times wa_{it} + \alpha_1 \times fdi_{it} + \alpha_2 \boldsymbol{W} \times fdi_{it} + \sum_j \beta_j X_{j,it} + region_i + year_t + \varepsilon_{it} \tag{5-1}$$

$$\begin{aligned} wa_{it} = {} & C + \rho \boldsymbol{W} \times wa_{it} + \alpha_1 \times fdi_{it} + \alpha_2 \boldsymbol{W} \times fdi_{it} + \lambda \times (fdi \times gov)_{it} \\ & + \sum_j \beta_j X_{j,it} + region_i + year_t + \varepsilon_{it} \end{aligned} \tag{5-2}$$

在模型（5-1）、（5-2）中，wa_{it} 是城市环境污染水平，fdi_{it} 是城市利用外商直接投资规模，$X_{j,it}$ 表示第 j 个方程控制变量，$region_i$、$year_t$ 分别表示城市所在地区和时期虚拟变量，gov_{it} 是地方政府官员考核方式。$\boldsymbol{W}$ 为空间权重矩阵。如果假设H1成立，那么模型（5-1）中α_1系数应显著大于0，同时模型（5-2）中α_1和λ系数均显著大于0；如果假设H2成立，那么模型（5-1）中α_1系数应显著小于0，同时模型（5-2）中α_1和λ系数均显著小于0。在此要说明的是，在方程（5-2）中之所以不纳入单独的*gov*指标，主要是考虑到计量上的多重共线性问题，经过计算*gov*1和*fdi*×*gov*1的相关系数为0.978，极度正相关，*gov*2和*fdi*×*gov*2的相关系数为0.754，高度正相关，因此如果纳入单独的*gov*变量会造成估计结果不准确。

5.3.2 样本和变量

本章延续第4章所使用的地级市样本，即选择除西藏自治区以外的30个省、市、自治区共256个地级市（含4个直辖市）的数据进行计量模型分析。各个指标数据均来源于2005—2017年《中国城市统计年鉴》，以及部分省份的统计年鉴，数据期间为2004—2016年。

本章各变量的选取如下：

1.外商直接投资

目前外商直接投资的衡量指标主要选择统计部门公布的统计数据进行衡量，即实际利用外商直接投资额。本章直接用《中国城市统计年鉴》中公布的城市当年实际利用外资额数据进行衡量，单位为万美元。

2.环境污染

外商直接投资造成的环境污染主要是工业环境污染。目前《中国城市统计年鉴》只公布了城市工业废水、工业二氧化硫和工业烟尘三种污染源。因此本书主要以这三种污染源的排放量作为环境污染的代表。考虑到不同城市之间工业废水和工业废气的相关性不高，而工业二氧化硫和工业烟尘的相关性较高，因此将二者加和，即本书选择城市工业废水排放量和工业废气（工业二氧化硫与工业烟尘之和）排放量作为环境污染的代替指标。

3.地方政府官员考核方式

目前学术上更多关注地方官员晋升竞争，而很少关注官员考核方式，对此的很大原因在于考核方式难以量化。在2010年以前，我国对政府官员的考核主要以经济指标为主，这也导致一些学者采用地区生产总值来代理官员晋升竞争或晋升考核。显然，在1994年财政分权后，用GDP来量化官员的考核具有一定的合理性，但是随着中央对地方政府官员考核系统的转变，这一指标选取与现实逐渐不符。朱万里和郑周胜（2013）用财政分权代表政府行为应对考核方式的转变，认为财政分权越高，地方政府官员顺应新的晋升考核方式越明显，袁凯华等（2015）用政企合谋（政企关系）来代理晋升制度改变下的政府行为，其认为随着经济社会转型，地方政府与企业之间的关系会有微妙变化。此外，还有学者采用地方政府官员的升迁情况代表晋升，如孙伟增等（2014）、罗党论等（2016）、谢罗奇等（2018）用虚拟变量（1代表升迁、0代表平调或下降）进行衡量。

纵观现有文献，仅有施建华等（2017）从政企合谋转变的角度设置了虚拟变量来表示地方官员态度转变，其取2013年以前为0，2013年及以后为1。本书认为这种选取方式较为客观，但不完整，当一些政策也在2013年实施时，会造成“伪相关”问题。为此，本书在选用虚拟变量来衡量地方政府官员考核方式（2012年以前取值为0，2012年及以后取值为1）时，也采用政府财政支出中居民福利型消费支出比例进行代理。在GDP考核系统下，地方政府将更多的财政收入投入到基建、商业服务等生产性部门，而将少数的财政收入用于改善居民生活福利，而在多元化考核系统下，地方政府可能会更加注重城市的平衡发展，因此会提高在节能环保、科教事业、医疗卫生等方面的支出。为此，本书借鉴白金山（2017），将教育、科学技术、社会保障与就业、医疗卫生与计划生育、节能环保五个方面定义为居民福利型消费支出，用这五项支出之和占地方政府公共预算支出的比例衡量地方政府官员考核方式的转变。

4.控制变量

对于上述模型的控制变量，根据数据可获得性和经济含义的原则，最终选取城市工业增加值、工业经济比重、人均经济水平、环境规制和政府财政支出五个变量，各变量定义与第4章相同，分别采用第二产业增加值、第二产业经济比重、人均生产总值、环境规制和科教财政支出变量代理。

5.3.3 政府官员考核方式的统计描述

1.福利型财政支出比例的变化趋势

图5-1显示了2004—2016年期间地级市政府福利型财政支出占总公共财政支出比例（政府官员考核方式的代理变量）的变化趋势，其中2007年以前为教育、科技、社保、卫生四项支出的比例和，2007年及以后为教育、科技、社保、卫生、环保五项支出的比例和。可以看到，地方政府福利型财政支出比例在2004—2006年有一个缓慢下降趋势，但是2007年开始快速上升，在2012—2013年数值达到最高。总体来看，2012年及以后的福利型财政支出比例显著高于2012年以前。

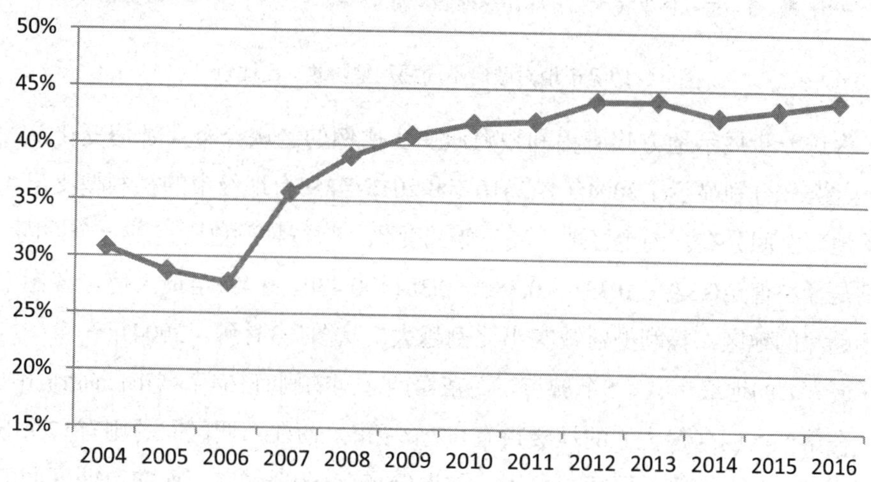

图5-1 地级市地方政府总福利型财政支出比例

图5-2显示了2004—2016年期间地方政府五项福利型财政支出占总公共财政支出比例的变化趋势，可见，五项财政支出中，教育财政支出比例最高，其次是社会保障与就业，最低的是科学技术和环境保护。在2004—2016年中，逐渐上升的是科学技术和医疗卫生，而环境保护财政支出比例在2011年以后逐渐上升，教育和社会保障两项财政支出比例变化不大。

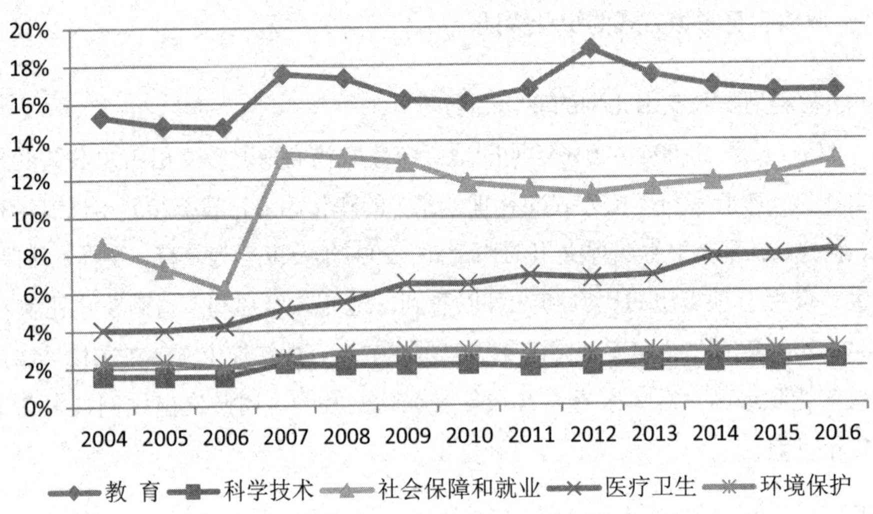

图5-2 地级市地方政府不同福利型财政支出比例

为进一步展示地方政府福利型财政支出比例的区域分布及时期变化，图5-3至图5-5分别显示了2004年、2010年和2016年256个地级市的福利型支出比例的地理空间分布。为更好地比较三年的变化，将每种颜色固定到一个期间，分别是最小值至0.330、0.331～0.380、0.381～0.430、0.431至最大值，各图中颜色越深的地区，福利型财政支出比例越大。从图5-3看到，2004年在第一区间（最大）的地级市只有5个城市，而在第四区间的则有164个城市；而到2010年，在第一区间（最大）的地级市有117个城市，而在第四区间的则有17个城市；到2016年，在第一区间（最大）的地级市有160个城市，而在第四区间的则只有1个城市。可见，从2004年到2016年，我国地级市福利型财政支出比例均有所提高。此外，从图5-4和图5-5看到，福利型财政支出比例最高的城市主要分布在中部和西部地区，相反，沿海经济发达地区分布较少，对此本书发现主要由东部地区公共安全支出、城乡社区支出比例较高导致。

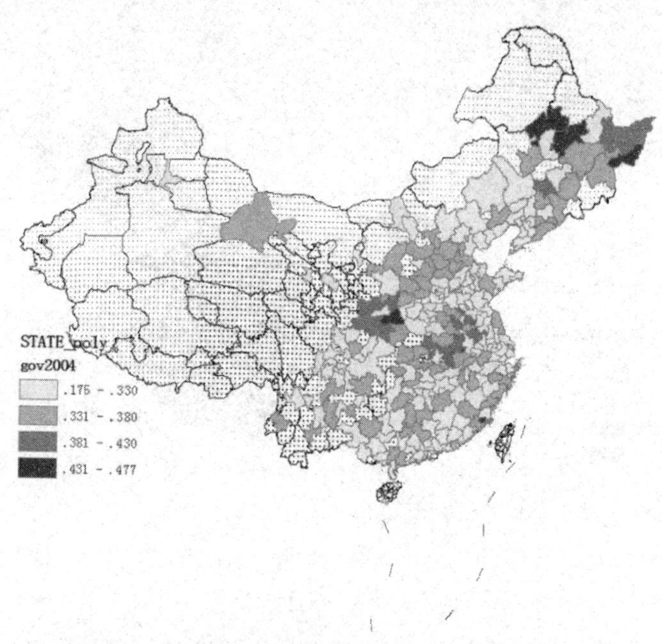

图5-3 2004年我国福利型财政支出比例的地级市空间分布

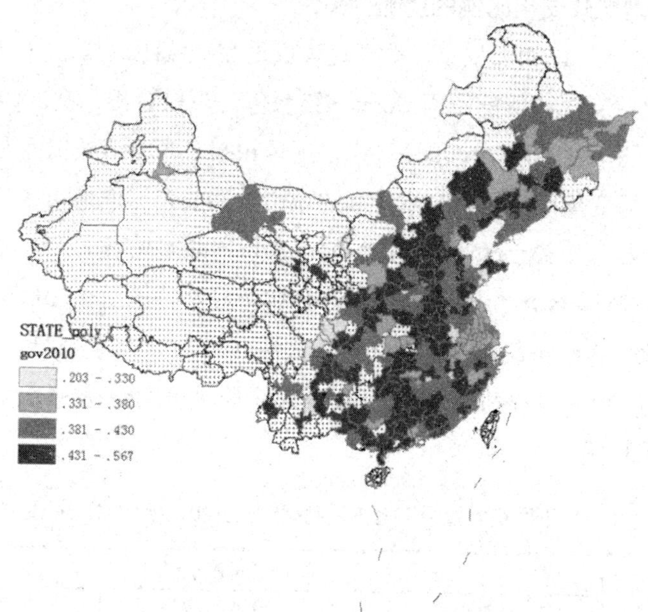

图5-4 2010年我国福利型财政支出比例的地级市空间分布

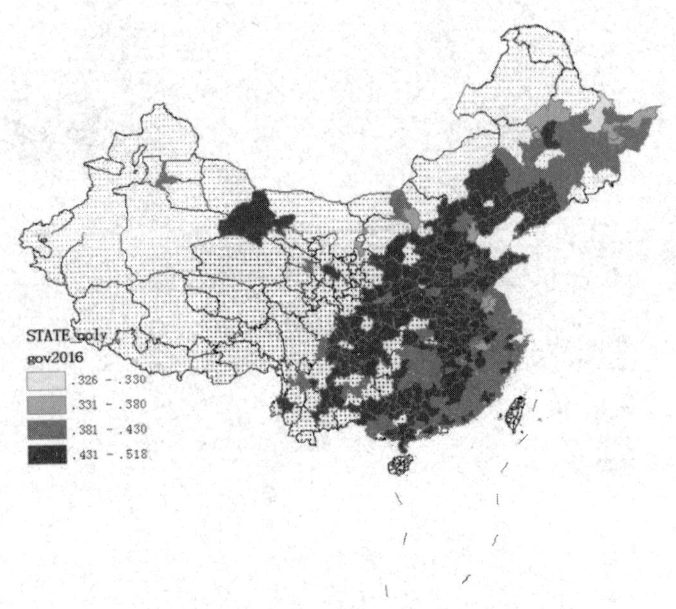

图5-5 2016年我国福利型财政支出比例的地级市空间分布

2.福利型财政支出比例的空间相关性

表5-1显示了以相邻权重、地理距离权重和经济距离权重分别计算的地级市福利型财政支出比例的空间Moran I指数值。可以看出，在2004—2016年期间，城市间的福利型财政支出比例存在地理相邻、地理距离相近为权重的空间正相关性，即变量高的城市与变量高的城市相邻或相近的城市在一个水平。而在经济距离权重下，Moran I指数在2004—2011年高度显著大于0，在2012—2014年在5%概率下显著大于0，在2015—2016年不显著，说明在2011年以后福利型财政支出比例在经济距离上的空间正相关性开始下降，甚至出现不相关，这表明2011年后，地级市福利型财政支出比例在同等程度经济发展水平的城市间可能不存在正相关。

表5-1 不同空间权重下地方福利型财政支出比例的Moran I指数

年份	空间权重		
	地理相邻	地理距离	经济距离
2004	0.163***	0.059***	0.276***

（续表）

年份	空间权重		
	地理相邻	地理距离	经济距离
2005	0.093***	0.033***	0.150***
2006	0.076***	0.025***	0.186***
2007	0.202***	0.064***	0.110***
2008	0.218***	0.067***	0.098***
2009	0.158***	0.055***	0.141***
2010	0.138***	0.042***	0.043***
2011	0.151***	0.043***	0.197***
2012	0.147***	0.044***	0.100**
2013	0.082***	0.028***	0.045**
2014	0.266***	0.079***	0.051**
2015	0.299***	0.092***	0.016
2016	0.265***	0.089***	-0.016

注：*、**、***分别表示在10%、5%和1%概率下统计显著，下同。

5.4 实证结果及分析

5.4.1 不同时期的模型估计结果

表5-2和表5-3分别显示了地方官员GDP考核和多元化考核两个时期外商直接投资对环境污染的影响。根据LR和Hausman检验，均选择了空间面板杜宾模型及随机效应估计方法。从表5-2看到，十八大以前以地方生产总值作为主要考核指标，环境污染无论用工业废水排放还是用工业废气排放进行衡量，空间权重无论是地理相邻、地理距离还是经济距离，均显示外商直接投资ln*fdi*系数大于0 ，且在前五列中均在5%或10%概率水平下统计显著，总体上说明在2004—2011年，外商直接投资对环境污染存在正影响，即存在“污染天堂”。控制变量中，第二产业增加值显著大于0，人均生产总值和科教财政支出显著小于0，说明第二产业产值上升会导致污染排放量增加，而人均生产总值和科教财政支出上升能降低污染排放，第二产业经济比重对工业废水排放量有正影

响，而不会影响工业废气排放量，环境规制则倾向于不影响。空间变量中，环境污染的空间变量系数均显著大于0，说明工业环境污染具有空间集聚特征，外商直接投资的空间变量系数在地理相邻和地理距离两个权重下显著小于0，而在经济距离权重下统计不显著，说明相邻或相近地区的外商直接投资规模增加将降低本地区的环境污染，但经济距离相近地区的外商直接投资并不影响本地区环境污染水平。

表5-2的结果初步验证了本章假设H1是成立的，即在2004—2011年，在以GDP为主要考核指标下，地方政府会加强引资竞争，本地引资规模越大，会导致环境污染加剧，而相邻地区引资规模越大，会导致本地环境污染减轻。

表5-2 外商直接投资的环境效应分析（2004—2011年）

因变量	lnwa_water			lnwa_gas		
空间权重	地理相邻	地理距离	经济距离	地理相邻	地理距离	经济距离
列	（1）	（2）	（3）	（4）	（5）	（6）
ln*fdi*	0.028**	0.027**	0.020*	0.021**	0.015**	0.011
	（0.015）	（0.014）	（0.010）	（0.013）	（0.050）	（0.540）
ln*add*	0.890***	0.882***	1.022***	0.577***	0.534***	0.689***
	（0.000）	（0.000）	（0.000）	（0.000）	（0.000）	（0.000）
uis	1.351***	1.181***	1.628***	0.098	0.333	−0.058
	（0.000）	（0.000）	（0.000）	（0.756）	（0.288）	（0.857）
ln*pgdp*	−0.395***	−0.401***	−0.520***	−0.191**	−0.255***	−0.417***
	（0.000）	（0.000）	（0.000）	（0.011）	（0.002）	（0.000）
er	0.109*	0.111	0.099	−0.097	−0.085	−0.131*
	（0.077）	（0.172）	（0.117）	（0.187）	（0.243）	（0.083）
ln*fex*	−0.281***	−0.199***	−0.309***	−0.184***	−0.050	−0.196***
	（0.000）	（0.000）	（0.000）	（0.000）	（0.396）	（0.000）
constant	0.662	−7.275***	2.666***	3.295***	−4.775***	3.763***
	（0.152）	（0.000）	（0.000）	（0.000）	（0.000）	（0.000）
W×lnwa_water	0.323***	1.330***	0.302*			
	（0.000）	（0.000）	（0.085）			
W×lnwa_gas				0.389***	1.153***	0.338***
				（0.000）	（0.000）	（0.000）
W×ln*fdi*	−0.071***	−0.246***	−0.013	−0.135***	−0.222***	−0.021
	（0.000）	（0.000）	（0.607）	（0.000）	（0.000）	（0.475）
*LR*1 *prob*	23.45	28.09	16.76	33.92	18.96	15.00

（续表）

因变量	lnwa_water			lnwa_gas		
空间权重	地理相邻	地理距离	经济距离	地理相邻	地理距离	经济距离
列	（1）	（2）	（3）	（4）	（5）	（6）
LR2 prob	21.81 （0.000）	23.36 （0.000）	17.05 （0.009）	26.04 （0.000）	14.00 （0.029）	16.16 （0.013）
N	2048	2048	2048	2048	2048	2048

注：括号内为*p*值，*、**、***分别表示在10%、5%和1%概率下统计显著，下同。

根据LR统计量和Hausman检验，表5-3的六个模型同样都选择了空间杜宾模型面板随机效应。从表中看到，在纳入环境保护、资源节约等多重指标构成的多元化考核系统下，环境污染无论用工业废水排放还是用工业废气排放进行衡量，空间权重无论是地理相邻、地理距离还是经济距离，均显示外商直接投资ln*fdi*系数小于0 ，且在前五列中均在5%或10%概率水平下统计显著，这恰好与表5-2的结果相反，总体上说明在2012—2016年，外商直接投资对环境污染存在负影响，即存在“污染光环”。控制变量中，第二产业增加值规模及经济比重显著大于0，人均地区生产总值显著小于0，说明第二产业产值上升会导致污染排放量增加，而人均生产总值上升能降低污染排放，环境规制和科教支出两个变量系数总体上对环境污染影响不明显。空间变量中，环境污染的空间变量系数均显著大于0，外商直接投资的空间变量系数在地理相邻和地理距离两个权重下显著小于0，而在经济距离权重下统计显著大于0，说明相邻或相近地区的外商直接投资规模增加将降低本地区的环境污染，但经济距离相近地区的外商直接投资反而会促进本地区环境污染水平。

表5-3的结果初步验证了假设H2是成立的，即在2012—2016年，在地方政府官员多元化考核系统下，本地政府会更加注重平衡发展，也会将更多财政用于保护生态环境，最终改善环境，同时，相邻地区政府也会更加注重引资质量，将产生正向环境效应的溢出，提高本地环境水平。

表5-3 外商直接投资的环境效应分析（2012—2016年）

因变量	ln*wa_water*			ln*wa_gas*		
空间权重	地理相邻	地理距离	经济距离	地理相邻	地理距离	经济距离
列	（1）	（2）	（3）	（4）	（5）	（6）
估计模型	SDM	SDM	SDM	SDM	SDM	SDM
ln*fdi*	-0.024***	-0.025**	-0.029***	-0.017**	-0.018*	-0.014
	（0.000）	（0.036）	（0.001）	（0.013）	（0.095）	（0.410）
ln*add*	0.472***	0.498***	0.494***	0.293***	0.349***	0.300***
	（0.000）	（0.000）	（0.000）	（0.000）	（0.000）	（0.000）
uis	1.134***	-0.363	0.876***	1.683***	0.709**	1.269***
	（0.000）	（0.223）	（0.003）	（0.000）	（0.033）	（0.000）
ln*pgdp*	-0.485***	-0.205**	-0.597***	-0.317***	-0.118	-0.480***
	（0.000）	（0.011）	（0.000）	（0.001）	（0.186）	（0.000）
er	0.171*	0.063	0.133	0.197*	0.013	-0.029
	（0.052）	（0.451）	（0.128）	（0.061）	（0.896）	（0.789）
ln*fex*	0.028	0.103**	0.101**	-0.002	0.062	0.068
	（0.548）	（0.022）	（0.032）	（0.968）	（0.244）	（0.234）
constant	1.665**	-7.893***	-0.463	3.068***	-4.078***	1.130
	（0.044）	（0.000）	（0.598）	（0.001）	（0.000）	（0.253）
W×ln*wa_water*	0.392***	1.158***	0.414***			
	（0.000）	（0.000）	（0.000）			
W×ln*wa_gas*				0.625***	1.080***	0.649***
				（0.000）	（0.000）	（0.000）
W×ln*fdi*	-0.063**	-0.069	0.156***	-0.158***	-0.202**	0.172***
	（0.016）	（0.351）	（0.000）	（0.000）	（0.015）	（0.000）
*LR*1 *prob*	17.66（0.007）	12.10（0.059）	46.58（0.000）	161.02（0.000）	233.30（0.000）	58.17（0.020）
*LR*2 *prob*	30.80（0.000）	20.99（0.002）	61.57（0.000）	166.61（0.000）	238.88（0.000）	63.76（0.000）
N	1280	1280	1280	1280	1280	1280

5.4.2 加入交叉项的模型估计结果

为进一步检验上面模型所得的结论，在以上模型中加入外商直接投资与官员考核方式的乘积交叉项，其中官员考核方式包括0-1虚拟变量*gov*1和地方福利型财政支出比例*gov*2两种代理指标。表5-4至表5-6分别显示了地理相邻、地理距离相近和经济距离相近为空间权重时的估计结果。从表5-4看到，在用虚拟变量衡量地方政府官员考核方式转变时，单独的外商直接投资变量分别在1%和10%概率下显著大于0，而外商直接投资与政府官员考核的交叉项变量系数分别在1%和5%概率下显著小于0，由于交叉项系数值大于ln*fdi*系数值，这表明当*gov*1为0（即2004—2011年）时，外商直接投资对环境污染存在正影响，而当*gov*1为1（即2012—2016年）时，外商直接投资对环境污染存在负影响，并且正影响与负影响程度相当。控制变量中，第二产业增加值和经济比重升高系数大于0，人均生产总值小于0，科教财政支出在列（1）下小于0，在列（2）下不显著，总体上看与前面的结果一致。空间变量中，环境污染的空间变量系数均显著大于0，说明环境污染存在空间集聚特征，外商直接投资的空间变量系数显著小于0，说明相邻地区外商直接投资增加会降低本地区环境污染。

表5-4 官员考核方式对外商直接投资的环境效应分析I

因变量	lnwa_water	lnwa_gas	lnwa_water	lnwa_gas
列	（1）	（2）	（3）	（4）
估计模型	SDM	SDM	SDM	SDM
ln*fdi*	0.020***	0.078*	0.269***	0.197**
	（0.000）	（0.069）	（0.000）	（0.048）
ln*fdi*×*gov*1	−0.041***	−0.033**		
	（0.001）	（0.024）		
ln*fdi*×*gov*2			−0.672*	−0.490*
			（0.061）	（0.091）
ln*add*	0.538***	0.276***	0.518***	0.263***
	（0.000）	（0.000）	（0.000）	（0.000）
uis	0.580***	0.763***	0.363*	0.844***
	（0.006）	（0.001）	（0.074）	（0.000）
ln*pgdp*	−0.367***	−0.158**	−0.395***	−0.180***
	（0.000）	（0.018）	（0.000）	（0.007）
er	0.024	−0.016	0.043	−0.009
	（0.663）	（0.789）	（0.430）	（0.877）

（续表）

因变量	lnwa_water	lnwa_gas	lnwa_water	lnwa_gas
列	（1）	（2）	（3）	（4）
估计模型	SDM	SDM	SDM	SDM
ln*fex*	-0.119***	-0.059	-0.123***	-0.034
	（0.000）	（0.115）	（0.002）	（0.438）
constant	1.820***	2.673***	2.211***	2.745***
	（0.000）	（0.000）	（0.000）	（0.000）
W1×lnwa_water	0.447***		0.463***	
	（0.000）		（0.000）	
W1×lnwa_gas		0.605***		0.604***
		（0.000）		（0.000）
W1×ln*fdi*	-0.033*	-0.073***	-0.033*	-0.071***
	（0.061）	（0.000）	（0.060）	（0.000）
*LR*1 *prob*	42.03（0.000）	32.72（0.000）	44.91（0.000）	26.93（0.000）
*LR*2 *prob*	43.92（0.000）	21.08（0.004）	49.66（0.000）	19.65（0.006）
N	3328	3328	3328	3328

注：空间权重为地理相邻。

在观察列（3）、列（4）用地方福利型财政支出衡量地方政府官员考核方式转变时，单独的ln*fdi*变量系数仍然显著大于0，而交叉项变量系数均在10%概率水平下显著小于0，可以计算得出外商直接投资对工业废水环境污染的边际影响为：$\partial\Delta\ln wa\_water/\partial\ln fdi=0.269-0.672gov2$，外商直接投资对工业废气环境污染的边际影响为：$\partial\Delta\ln wa\_gas/\partial\ln fdi=0.197-0.490gov2$。由此看到随着地方政府福利型财政支出比例上升，外商直接投资对环境污染的影响将由正转负，并且可以计算得到地方政府福利型财政支出比例的临界值大约为0.4，这说明平均福利型财政支出比例低于0.4时，外商直接投资对环境污染有正影响，而当平均福利型财政支出比例高于0.4后，外商直接投资对环境污染有负影响。控制变量和空间变量的系数符号和显著性与列（1）、列（2）一致，这里不再一一赘述。

表5-5显示了以地理距离作为空间权重时的估计结果，可见无论是用工业废水排放量衡量环境污染，还是用工业废气排放量衡量环境污染，无论是在虚拟

变量衡量地方政府官员考核方式转变，还是在地方政府福利型财政支出比例衡量地方政府官员考核方式转变下，结果均显示单独的外商直接投资变量分别在1%和10%概率下显著大于0，而外商直接投资与政府官员考核的交叉项变量系数分别在10%和5%概率下显著小于0。进一步，看到在列（1）和列（2）下，交叉项系数值大于ln*fdi*系数值，当*gov*1为1（即2012—2016年）时，外商直接投资对环境污染存在负影响；在列（3）、列（4）下，外商直接投资对环境污染影响由正转负的地方政府福利型财政支出比例的临界值分别是0.397和0.418，2004—2011年和2012—2016年的变量均值均低于和高于这一临界值，因此在2004—2011年，外商直接投资对环境污染存在正影响，而在2012—2016年，转为负影响。控制变量和空间变量系数和显著性与表5-4基本一致。由此结果表明，在采用地理距离空间权重时估计所得结论与采用地理相邻空间权重所得结论相同。

表5-5 官员考核方式对外商直接投资的环境效应分析II

因变量	ln*wa_water*	ln*wa_gas*	ln*wa_water*	ln*wa_gas*
列	（1）	（2）	（3）	（4）
估计模型	SDM	SDM	SDM	SAR
ln*fdi*	0.021***	0.086*	0.265***	0.140**
	（0.000）	（0.082）	（0.000）	（0.030）
ln*fdi*×*gov*1	−0.045*	−0.030**		
	（0.062）	（0.045）		
ln*fdi*×*gov*2			−0.668*	−0.335*
			（0.053）	（0.051）
ln*add*	0.642***	0.403***	0.636***	0.417***
	（0.000）	（0.000）	（0.000）	（0.000）
uis	1.332***	0.042	1.300***	0.279
	（0.000）	（0.854）	（0.000）	（0.198）
ln*pgdp*	−0.282***	−0.156**	−0.290***	−0.324***
	（0.000）	（0.016）	（0.000）	（0.004）
er	0.013	−0.065	0.016	−0.059
	（0.812）	（0.284）	（0.771）	（0.324）
ln*fex*	−0.094**	0.003	−0.084**	−0.046
	（0.012）	（0.937）	（0.041）	（0.279）

（续表）

因变量	lnwa_water	lnwa_gas	lnwa_water	lnwa_gas
列	（1）	（2）	（3）	（4）
估计模型	SDM	SDM	SDM	SAR
constant	-5.609***	-3.904***	-5.676***	-0.896*
	（0.000）	（0.000）	（0.000）	（0.065）
W2×lnwa_water	1.254***		1.265***	
	（0.000）		（0.000）	
W2×lnwa_gas		1.113***		0.851***
		（0.000）		（0.000）
W2×ln*fdi*	-0.222***	-0.203***	-0.221***	
	（0.000）	（0.000）	（0.000）	
*LR*1 *prob*	41.62（0.000）	43.24（0.000）	38.59（0.000）	9.87（0.196）
*LR*2 *prob*	37.06（0.000）	19.56（0.007）	38.99（0.000）	7.14（0.415）
LMlag prob				18.05（0.001）
LMerr prob				5.60（0.313）
N	3328	3328	3328	3328

注：空间权重为地理距离相近。

表5-6显示了以经济距离作为空间权重时的估计结果，可见在用工业废水排放量衡量环境污染时，单独的外商直接投资变量系数高度显著为正，而在用工业废气排放量衡量环境污染时，外商直接投资变量系数统计不显著，而外商直接投资与地方政府官员考核方式的乘积交叉项变量均在10%或1%概率下显著小于0，并且在列（3）、列（4）下，地方政府福利型财政支出比例的临界值分别是0.390和0.389。由此仍然可以说明地方政府官员考核方式的转变，会影响外商直接投资的环境效应，在2004—2011年，外商直接投资对环境污染存在正影响；而在2012—2016年，转为负影响。控制变量系数和显著性与表5-4、表5-5基本一致，而空间变量中，环境污染的空间变量系数均显著大于0，与前面所得结果相同，而外商直接投资的空间变量系数显著大于0，说明经济发展水平相近城市外商直接投资增加反而会促进本地区环境污染，这和表5-4、5-5所得结果相反，但与表5-3所得结果恰好一致。表5-3结果同样显示在地理相邻

和地理距离空间权重下，$\boldsymbol{W}\times\ln fdi$变量系数小于0，而在经济距离空间权重下，$\boldsymbol{W}\times\ln fdi$变量系数大于0。

对此，本书认为在2004—2011年，在GDP考核方式下，地方政府为了发展本地经济，会进行引资竞争，这种引资竞争是数量上的竞争，由于外资企业一般在某个区域内来选择具体投资地点，因此相邻或相近地区外商直接投资规模的增加即意味着本地外商直接投资规模的减少，因此会降低本地环境污染水平；而在2012—2016年，在多元化考核方式下，地方政府更加注重引资质量和生态环境，此时地方政府会提高环境标准，外资企业不得不增加生态创新，一方面这种绿色技术溢出会传递到本地，另一方面在晋升动机下本地同样会提高环境规制水平，因此也会降低本地污染。而对于经济距离权重下的结果，在2004—2011年GDP考核方式下，地方政府间为了发展本地经济而采取趋劣型引资竞争，但是由于经济距离相近城市不一定处在同一区域，因此同一经济发展水平城市外商直接投资规模上升不一定会导致本地FDI规模的减少，因此并不影响本地环境污染水平；而在2012—2016年多元化考核方式下，地方政府会提高引资标准来逼迫外企企业生态技术溢出，但是这项溢出更多在地理相近城市间传递，而很难在经济距离相近的城市间传递，与此同时，由于劣质FDI无法在该区域入驻，使得其很可能转向经济发展水平相近，但环境规制更低的区域，由于新时代的经济竞争更有可能体现在经济发展相近的城市间，因此导致其他城市外商直接投资规模与本地环境污染呈正相关。

从表5-6结果看出，单看外商直接投资与环境污染的关系，可以得到在不同空间权重下，2004—2011年和2012—2016年外商直接投资的环境效应结论一致，假设H1和H2成立的结论是稳健的。同时也发现，采用调节效应方法和分阶段法，所得的结论也相同。

表5-6 官员考核方式对外商直接投资的环境效应分析III

因变量	ln*wa_water*	ln*wa_gas*	ln*wa_water*	ln*wa_gas*
列	（1）	（2）	（3）	（4）
估计模型	SDM	SDM	SDM	SDM
ln*fdi*	0.022***	0.009	0.247***	0.125
	（0.000）	（0.231）	（0.000）	（0.466）
ln*fdi*×*gov*1	−0.049***	−0.021*		
	（0.000）	（0.081）		
ln*fdi*×*gov*2			−0.633*	−0.321*
			（0.088）	（0.099）
ln*add*	0.685***	0.425***	0.669***	0.409***
	（0.000）	（0.000）	（0.000）	（0.000）
uis	0.803***	0.472**	0.572***	0.512**
	（0.000）	（0.044）	（0.006）	（0.023）
ln*pgdp*	−0.581***	−0.437***	−0.625***	−0.453***
	（0.000）	（0.000）	（0.000）	（0.000）
er	0.049	−0.053	0.073	−0.051
	（0.384）	（0.397）	（0.193）	（0.414）
ln*fex*	−0.150***	−0.058	−0.154***	−0.022
	（0.000）	（0.133）	（0.000）	（0.617）
constant	3.221***	2.849***	3.565***	2.797***
	（0.000）	（0.000）	（0.000）	（0.000）
W3×ln*wa_water*	0.216***		0.243***	
	（0.001）		（0.000）	
W3×ln*wa_gas*		0.565***		0.561***
		（0.000）		（0.000）
W3×ln*fdi*	0.063***	0.044*	0.065***	0.049**
	（0.005）	（0.075）	（0.005）	（0.046）
*LR*1 *prob*	82.53（0.000）	49.54（0.000）	88.72（0.000）	42.37（0.000）
*LR*2 *prob*	87.56（0.000）	64.24（0.000）	96.82（0.000）	59.18（0.000）
N	3328	3328	3328	3328

注：空间权重为经济距离相近。

5.5 本章小结

本章在考虑我国地方政府官员晋升考核指标转变的背景下，根据GDP考核方式和将生态环境、资源节约纳入考核系统中的多元化考核方式，将样本期划分为2004—2011年和2012—2016年两个阶段，利用地级市面板数据及空间面板数据模型，分析我国外商直接投资与环境污染的关系，同时探索环境污染先增后降的原因。采用分阶段的估计结果发现，在2004—2011年，外商直接投资会促进环境污染加剧，符合“污染天堂”假说；而在2012—2016年，外商直接投资会降低工业环境污染，符合“污染光环”假说。采用调节效应法也得到了相同结果，随着地方福利型财政支出比例的上升，外商直接投资的环境污染正效应逐渐转变为负效应。由此表明，地方政府官员考核方式将会改变地方政府的工作方向和经济发展方式，显著地影响外商直接投资的环境效应。

第6章　外商直接投资、地区社会过滤与环境污染

6.1 引言

第2章的文献综述表明，大多数国内学者对我国外商直接投资环境效应分析得出了地区异质性的结论，但这些分析未进一步讨论产生异质性结论的深层次原因，只有少数理论分析者将其归因为东部地区的外商直接投资规模最高而导致污染排放量较大（由此得到东部地区“污染天堂”效应最明显），或者东部地区的外商直接投资规模最高而导致技术创新效应较强（由此得到东部地区“污染光环”效应最明显）。显然这种解释并不充分，一方面，众多文献所得结论指出外商直接投资的环境效应在不同地区强弱不同，即外商直接投资对环境污染的影响系数东高西低或东低西高，但是地区间引资规模不同并不会造成这种系数差异，只能导致环境污染规模差异；另一方面，对于外商直接投资能通过技术溢出效应减缓环境污染，甚至产生环境正效应，使得东部地区“污染光环”最为明显，这种解释一是过于依赖技术溢出效应，然而本书第4章的分析表明只有产生生态创新技术才有可能改善环境质量，二是过于将外商直接投资环境效应内生化，然而第5章的研究得出外部制度的变化也会影响外商直接投资与环境污染二者之间的关系。由此可见，外商直接投资能否提高东道主地区的生态创新能力，从而影响环境污染，不仅与外商直接投资本身有关，更大程度上取决于区域社会条件。

本书认为，社会环境条件中存在居民环保意识和社会过滤两个机制可以解

释外商直接投资环境效应的地区异质。首先，近几年逐渐增强的居民环保意识和媒体监督力量迫使地方政府加大环境保护投入力度，降低了政府与大企业、外资企业之间的暗箱操作。随着居民环保意识的增强，对外商投资企业对东道主地区的生产污染起到了约束机制，使得外商投资企业不得不增加生态技术创新改善污染排放（游达明和杨金辉，2017）。不过，居民的环保意识更有可能建立在收入基础上。在我国，地区间的发展不平衡非常明显，对于经济落后的中、西部地区，居民对收入增长的关心度很可能超过生态环境，使得地方政府有机会对中央的环境规制政策采取“非完全执行”的态度，导致外商直接投资加重了地区环境污染；而对于经济较发达的东部地区，产业结构已经进入工业化后期阶段，居民对生活质量的要求更高，使得官员更加注重环境保护，在引进外商资本时也优先考虑绿色、附加值高的企业。因此居民环境意识会影响外商直接投资与环境污染的关系。

其次，社会制度环境对外商直接投资引进以及外商直接投资环境效应的影响也引起了越来越多学者的关注（Hale和Long，2006；Cole和Fredriksson，2009；张鹏等，2013；金淳，2017）。Acs等（2009）认为地区的知识储备不会自发地转化为创新能力，如果知识或者技术被束之高阁，就不会对创新成果产生作用。Audretsch等（2008）也指出对于地区技术创新能力，仅有知识的积累是不够的，还需要转化为区域创新能力的驱动因素。这说明外商直接投资对地区实际生态技术创新能力的提高在根本上受到社会、制度等约束，即外商直接投资的环境效应取决于区域本身对生态技术的吸收能力和过滤机制，由于地区间社会发展水平的差异性，使得外商直接投资在不同区域的生态溢出及内资企业的消化能力不同，最终影响环境改善效率。这实际上是Rodriguez-Pose（1999）提出的社会过滤概念，最初社会过滤是指本地创新到经济增长之间，存在社会过滤机制，会阻碍创新到经济增长的促进能力，社会过滤越强，创新就越难转化到经济增长。Capello等（2011）将这一机制称为“社会过滤理论”，并且认为不单在创新对经济增长的作用过程中，在外商直接投资生态创新溢出与地区环境污染之间也存在这一现象，每个东道主地区“社会过滤器”因子的不同，使得在同等程度的环境规制水平下FDI产生的生态溢出效应对区域环境污染的影响相异。可见，某些社会发展指标会产生过滤机制，促进或阻碍FDI生态创新溢出向本地生态创新能力的转化，最终影响环境污染。

由此可以看出，造成地区间外商直接投资环境效应的差异性很可能来自主观和客观两个因素，主观因素在于东部地区居民更加注重环境保护，而中、西部地区居民更加看重经济发展，这会间接传递到政府的行为方向上，造成地方政府在引资态度和环境保护态度上的差异；客观因素在于地区间社会发展水平的差异，例如中、西部地区缺乏足够的人才或市场化程度过低，导致外商直接投资的生态技术创新无法溢出到其他部门，形成一种隐性的社会过滤机制，相反东部地区有更高的引进、学习、模仿基础条件，能通过消化外资企业更为先进的污染处理技术来改善地区的环境治理能力。因此，本书认为，在进入产业结构调整的新常态阶段，东部经济发达地区和中、西部经济欠发达地区经济增长方式的差距将逐渐扩大，同时，城市间的经济竞争也将由全国范围内的竞争转变为区域内的竞争。考虑到居民环保意识也属于社会发展的范畴，因此本书将统一概念，分析社会过滤对外商直接投资与环境污染关系的影响，试图探索导致地区间外商直接投资环境效应异质的原因。

6.2 假设的提出

一个地区要降低工业污染，表面途径来自政府的环境规制，但根本途径来自生态技术的提高。地区生态技术的提升一方面取决于自身的研发活动，另一方面来源于外部的知识和技术溢出。在我国环境规制水平不断上升使得外商直接投资生态技术外溢加大的背景下，我国内资企业能否获取更高的污染处理技术不仅依赖于吸收和消化知识的能力，还依赖它的社会、经济条件。创新活动具有很强的社会根植性，不同地区由于存在不同的社会组织结构，其外溢和传递的速度和深度差异很大。一些文献（Navarro等，2009；Crescenzi等，2012）探索社会过滤如何影响创新转化为增长，认为良好的社会条件是创新转化为经济增长的关键路径。对于一些地区，社会条件的限制比创新的投入更为严重，并且相对于后者，改变社会条件要困难得多。因为社会过滤中的某些组成部分可能不存在自发调整机制，因此政府仅通过吸引外资来获得自主创新和整体生态技术的提升，从而改善环境质量是不够的，还需要改善本地的社会过滤条件，为吸收和消化先进生态技术提供必要的社会条件。

目前，Rodriguez-Pose（1999）仅从理论概念的角度对社会过滤进行了描述，但要判断社会过滤是否阻碍了地区对外商直接投资生态技术溢出的吸收能力，还需要对社会过滤进行测度，找到那些会影响外商技术溢出转化为本地环境污染处理能力的社会条件。目前国外学者在衡量社会过滤方面，主要有两类指标，一是单个社会过滤指标，如Bilbao-Osorio和Rodriguez-Pose（2004）采用成年人口比例、就业率、高技术制造业从业人员数进行衡量，Crescenzi（2010）用受教育人口的比重进行衡量，Rodriguez-Pose和Crescenzi（2008）进一步采用社会排斥、人口受教育程度、本地制度传递服务效率三个方面衡量，分别选取失业率、贫困指数、受教育人口比率、犯罪风险感知指标。二是采用社会过滤指数，即采用主成分分析、聚类分析等方法将多个指标综合成一个指数，如Rodriguez-Pose和Crescenzi（2008）、Scarlato（2013）均采用主成分分析法对社会过滤指数进行了测度。本书参考这些文献，同时考虑数据的可获取性以及可能存在的过滤机制，最终选择居民收入水平、高技术人才数量、金融发展规模三个指标来度量社会过滤。

前面所述，我国各个经济发展发达程度有明显差异的地区往往也存在着居民和政府生态理念的差别，地方政府推动生态文明取得的成绩不仅与当地财政对环境保护的投入有关，更与居民对环境的要求、政府对生态的态度有关。在北京、上海、广东、浙江等经济实力强的东部地区，新时代以来居民对生态环境的要求快速上升，与此同时，政府官员认真履行环境保护的职责，坚定不移地走经济、社会、生态协同发展的道路，不仅没有对经济发展造成阻碍，反而极大地推动了社会整体利益提升，也激发了外资企业的技术外溢。而在一些经济欠发达的中、西部地区，居民对收入提高的偏好大于环境保护，这也给予了地方政府寻租空间，有些党政领导干部在公开场合大谈特谈环境保护，背后则还是执行经济至上的僵化思想，对于环境保护检查的压力采用应付的手段，阻碍了外商直接投资的生态技术创新及外溢。基于此，本章提出第一个研究假设：

H1：在收入水平相对较高的东部地区，较低社会过滤对外商直接投资环境效应产生正向的调节作用；而在收入水平相对较低的中、西部地区，较高社会过滤对外商直接投资环境效应产生负向的调节作用。

一个地区技术的创新实际上是人才的创新。新时代背景下，我国的经济增长方式将由过去的劳动密集型、资本密集型向技术密集型转变，这就意味着一个城市人才数量更多，就能拥有技术的前沿和创新的源泉，不仅能产生更多的创新技术，也能提高外部技术消化和吸收的能力。但是，目前我国地区间的人才分配失衡非常严重，东部沿海经济发达地区不仅拥有数量上更多的高等教育资源，也拥有更多的科研单位以及高科技企业，这使得中、西部户籍的人才不断涌向这些机构，促进东部地区科技创新能力的快速上升，而在中、西部地区，不仅科研资源差，同时生活环境也制约了科技人才的流入，这导致这些地区高科技产业难以崛起，技术创新能力进步缓慢。技术创新能力的差距最终影响对外商直接投资生态技术外溢的消化与吸收，从而对地区外商直接投资通过生态技术溢出改善环境质量产生过滤作用。基于此，本章提出第二个研究假设：

H2：在高科技人才规模相对较大的东部地区，较低社会过滤对外商直接投资环境效应产生正向的调节作用；而在高科技人才规模相对较小的中、西部地区，较高社会过滤对外商直接投资环境效应产生负向的调节作用。

地区的技术创新需要资本的支持，目前企业的研发资本主要来源于外部融资，因此地区的金融发展水平也在一定程度上决定了研发创新的基础条件。此外，一个地区金融发展更好，也能吸引更多的外商直接投资规模，产生更多的创新溢出。但是，跟人才资源一样，金融资源在我国地区间的分配也极不平衡，不仅主要的金融监管机构在东部地区，同时国内和外资形式的银行、证券和保险等金融机构的总部也主要集中在东部地区的一、二线城市，这就使得东部地区拥有非常高的金融资源优势，而中、西部地区在金融资源上的落后非常明显，尤其是证券、保险、信托等非银行金融机构，发展非常缓慢，同时也缺乏创新型金融人才，导致企业创新与金融资源很难对接，导致企业研发效率不高，制约了内资企业对外资企业先进技术外溢的吸收水平。因此，金融资源的差距最终影响地区外商直接投资生态技术的溢出广度，从而对地区外商直接投资的环境效应产生过滤作用。基于此，本章提出第三个研究假设：

H3：在金融资源较丰富的东部地区，较低社会过滤对外商直接投资环境效应产生正向的调节作用；而在金融资源较匮乏的中、西部地区，较高社会过滤对外商直接投资环境效应产生负向的调节作用。

6.3 实证研究设计

6.3.1 模型的构建

为检验上面的三个假设是否成立，本章仍然采用地级市的面板数据计量模型。本章的实证研究包括两步，第一步是分地区（分东、中、西部地区）下分时期检验外商直接投资环境效应是否存在地区差异；第二步则是采用交叉项方式，观察社会过滤是否对外商直接投资与环境污染的关系存在调节作用，从而判断社会过滤是否可以解释“污染光环”效应促进或阻碍的关键因素。具体模型建立如下：

$$wa_{it} = C + \rho \boldsymbol{W} \times wa_{it} + \alpha_1 \times fdi_{it} + \alpha_2 \boldsymbol{W} \times fdi_{it} + \sum_j \beta_j X_{j,it} + year_t + \varepsilon_{it} \tag{6-1}$$

$$\begin{aligned} wa_{it} = & C + \rho \boldsymbol{W} \times wa_{it} + \alpha_1 \times fdi_{it} + \alpha_2 \boldsymbol{W} \times fdi_{it} + \lambda \times (fdi \times filter)_{it} \\ & + \sum_j \beta_j X_{j,it} + year_t + \varepsilon_{it} \end{aligned} \tag{6-2}$$

在模型（6-1）、（6-2）中，wa_{it} 是城市环境污染水平，fdi_{it} 是城市利用外商直接投资规模，$X_{j,it}$ 表示第 j 个方程控制变量，$year_t$ 表示各时期虚拟变量，$filter_{it}$ 是社会过滤指标，$\boldsymbol{W}$ 为空间权重矩阵。

6.3.2 样本和变量

本章延续第4、5章所使用的地级市样本，即选择除西藏自治区以外的30个省、市、自治区共256个地级市（含4个直辖市）的数据进行计量模型分析。各个指标数据均来源于2005—2017年《中国城市统计年鉴》，以及部分省份的统计年鉴，数据期间为2004—2016年。

本章各变量的选取如下：

1.外商直接投资

目前外商直接投资的衡量指标主要选择统计部门公布的统计数据进行衡量，即实际利用外商直接投资额。本章直接用《中国城市统计年鉴》中公布的城市当年实际利用外资额数据进行衡量，单位为万美元。

2.环境污染

外商直接投资造成的环境污染主要是工业环境污染。目前《中国城市统计年鉴》只公布了城市工业废水、工业二氧化硫和工业烟尘三种污染源。因此本书主要以这三种污染源的排放量作为环境污染的代表。考虑到不同城市之间工业废水和工业废气的相关性不高，而工业二氧化硫和工业烟尘的相关性较高，因此将二者加和，即本书选择城市工业废水排放量和工业废气（工业二氧化硫与工业烟尘之和）排放量作为环境污染的代替指标。

3.社会过滤

对于社会过滤，目前国外学者在衡量方面主要选取地区受教育程度、就业率（失业率）、人口结构以及社会排斥、贫困指数、犯罪率等衡量。本书认为，社会过滤应该是低社会条件会阻碍创新转化经济增长动力或者阻碍创新吸收消化能力的一类社会条件性指标，如一个地区老龄化非常严重，年轻人口缺失，会导致这个地区弱创新水平，因此即使创新投入更多，创新产出也会很少；相反，在地区高等学历人才比例很高的地区，创新投入产出比更高。基于这一原则，同时考虑到数据可获取性，本书最终选取地区居民收入水平、地区科技服务业人才规模、地区金融发展水平三个变量衡量社会过滤。其中地区居民收入水平用职工平均工资 *wage* 代理、地区科技服务业人才比例用地区信息传输计算机服务和软件业、科研技术服务和地质勘查业两个行业单位从业人员数之和 *talent* 代理、地区金融发展水平用人均金融机构各项贷款额 *finance* 代理。

4.控制变量

对于上述模型的控制变量，根据数据可获得性和经济含义的原则，最终选取城市工业增加值、工业经济比重、人均经济水平、环境规制和政府财政支出五个变量，各变量定义与第4、5章相同，分别采用第二产业增加值、第二产业经济比重、人均生产总值、环境规制和科教财政支出变量代理。

6.3.3 社会过滤的统计描述

1.职工平均工资的统计描述及空间相关性

图6-1显示了2004—2016年期间地级市政府单位职工平均工资的变化趋势，可以看到，无论是256个全样本城市，还是东、中、西部地区，在样本期间职工平均工资均呈现明显的上升趋势；其次，地区间比较显示东部地区职工平均工资最高，中部地区最低。

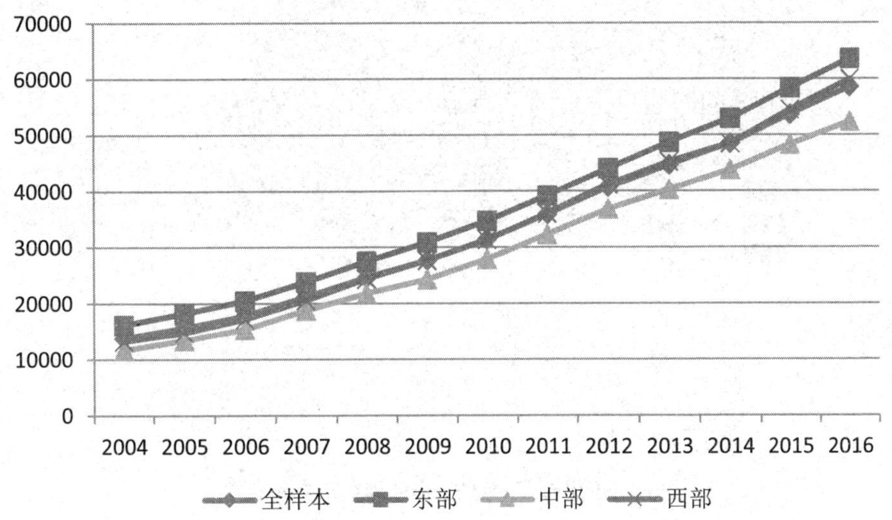

图6-1　不同地区职工平均工资水平变化趋势（元）

为进一步展示职工平均工资水平的空间分布特征以及时期变动，图6-2至图6-3分别显示了2010年和2016年256个城市的职工平均工资水平的地理空间分布，这里不用2004年和2016年对比是为了观察2004—2011年阶段职工工资水平，用2010年数据更具有代表性。同时，为了能更好比较，将每个颜色代表的数据固定在同一个区间。从图6-2看到，2010年职工平均工资在第一区间和第二区间的只有上海和北京两个城市，而在第三区间城市的主要分布在长三角、珠三角、陕北、蒙南等地区，但是城市数量比例较低，城市职工平均工资主要集中在第四区间，占到79.3%，说明在2010年职工工资水平还处于相对低水平，同时，地区间差异还不明显。

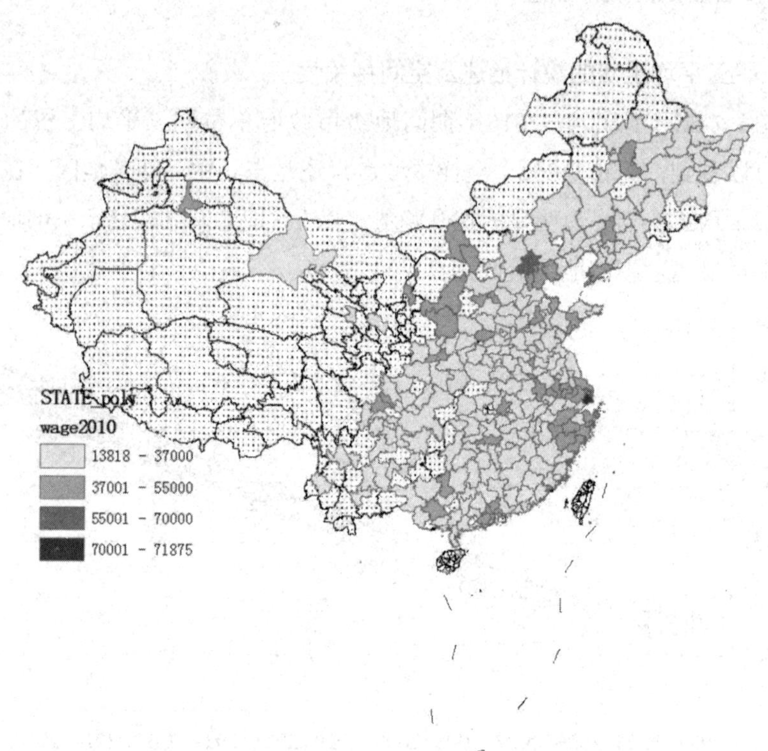

图6-2 2010年职工平均工资的地级市空间分布

从图6-3看到，2016年职工平均工资在第一区间和第二区间的城市明显增多，占到57.8%，从地图上可以看出，主要分布在东部沿海经济发达地区以及成渝经济带，在第三区间的城市主要分布在中部、西部和东北部地区，分布在第四区间的城市只有一个。由此表明在2012—2016年，尽管全国城市的职工平均工资水平均获得了大幅度的提高，但地区间的差距有所扩大。

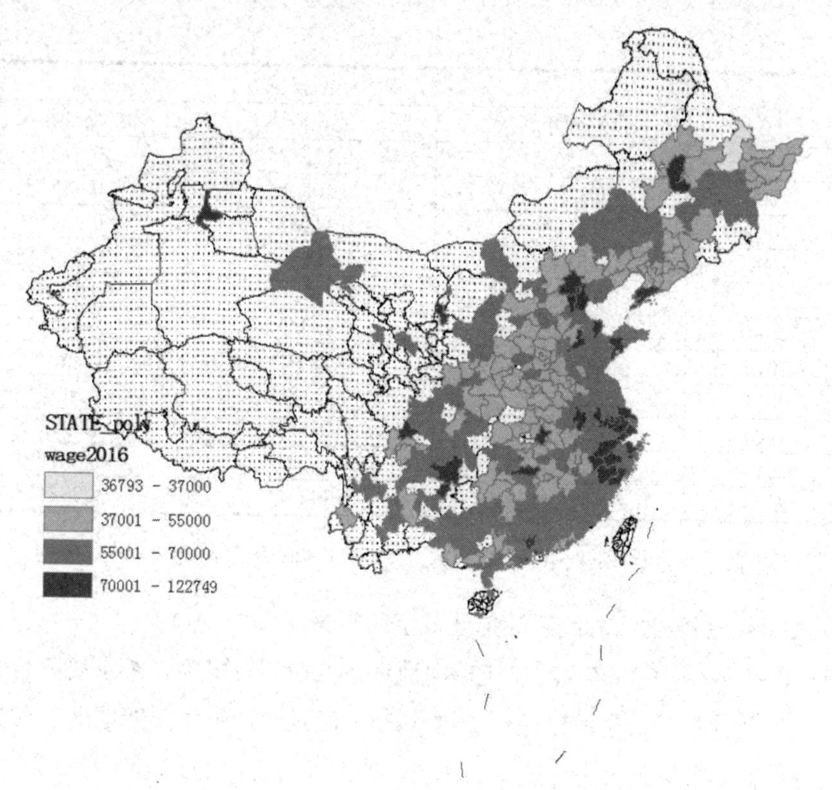

图6-3 2016年职工平均工资的地级市空间分布

表6-1显示了以相邻权重、地理距离权重和经济距离权重分别计算的地级市职工平均工资的空间Moran I指数值。可以看出，在2004—2016年期间，城市间的职工平均工资存在地理相邻、地理距离相近和经济距离相近为权重的空间正相关性，即变量水平高的城市与变量水平高的城市相邻或相近或经济发展程度在同一水平，这也验证了图6-2和图6-3职工平均工资的空间集聚特征。

表6-1 不同空间权重下职工平均工资的Moran I指数

年份	空间权重		
	地理相邻	地理距离	经济距离
2004	0.380***	0.135***	0.353***
2005	0.372***	0.131***	0.367***

（续表）

年份	空间权重		
	地理相邻	地理距离	经济距离
2006	0.350***	0.125***	0.372***
2007	0.319***	0.105***	0.388***
2008	0.315***	0.112***	0.372***
2009	0.314***	0.126***	0.380***
2010	0.290***	0.117***	0.371***
2011	0.308***	0.103***	0.346***
2012	0.305***	0.110***	0.330***
2013	0.358***	0.123***	0.317***
2014	0.361***	0.127***	0.319***
2015	0.375***	0.127***	0.251***
2016	0.432***	0.142***	0.233***

注：*、**、***分别表示在10%、5%和1%概率下统计显著，下同。

2.科技服务业人才的统计描述及空间相关性

图6-4显示了2004—2016年期间地级市城均科技服务业人才数量的变化趋势，可以看到，无论是256个全样本城市，还是东、中、西部地区，在样本期间城均科技服务业人才数量均呈现明显的上升趋势，且在2012—2013年增长较快；其次，地区间比较显示，东部地区城均科技服务业人才数量最多，中部地区最少。

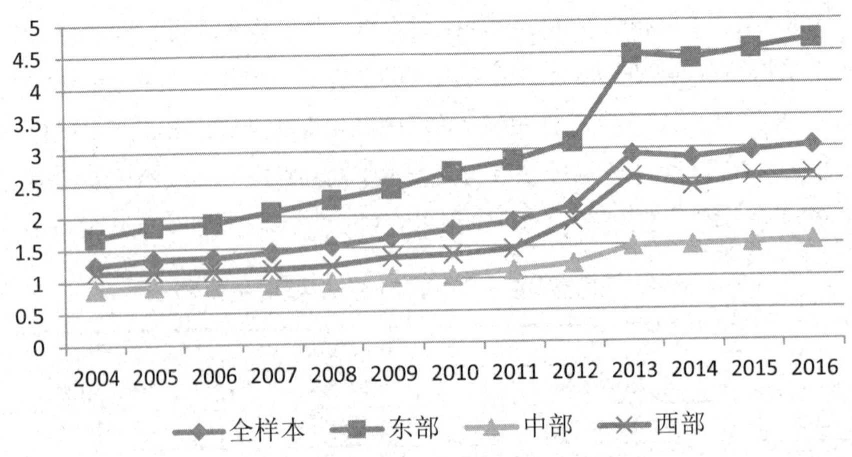

图6-4 不同地区城均科技服务业人才规模变化趋势（万人）

为进一步展示科技服务业人才的空间分布特征，图6-5至图6-6分别显示了2010年和2016年256个城市的地理空间分布。从图6-5看到，2010年科技服务业人才数量在第一区间的只有北京和上海两个城市，而在第二、三、四区间的分布较分散。由此说明在2010年，科技服务业人才数量还处于相对低水平，城市间差异还不非常明显。

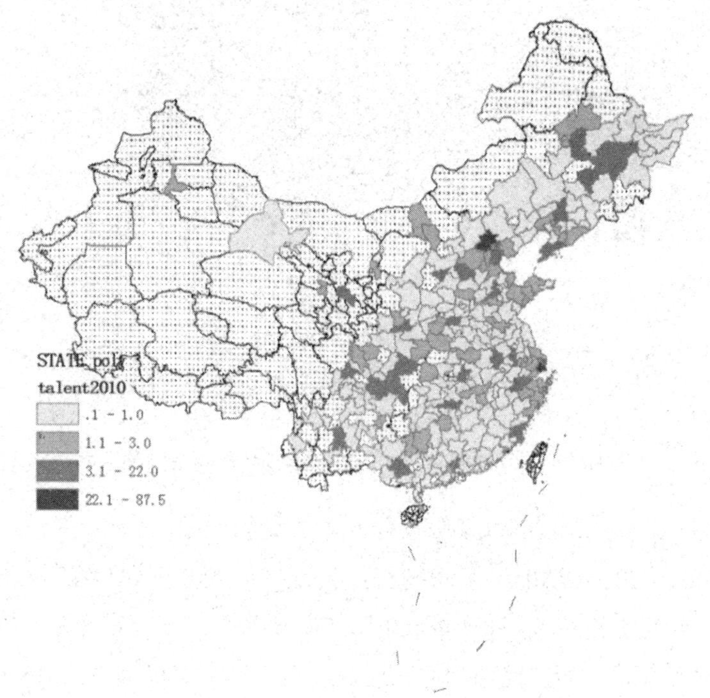

图6-5 2010年科技服务业人才规模的地级市空间分布

从图6-6看到，2016年科技服务业人才数量在第一区间的城市增多，有7个，除了成都市外，其余均在东部地区，第二区间的城市增加了9个，第三区间的城市增加了30个，主要集中于东部和中部地区，2016年处于第四区间的城市比2010年有所减少。由此表明在2012—2016年，各城市的科技服务业人才数量有所增长，但城市间差距有所扩大。

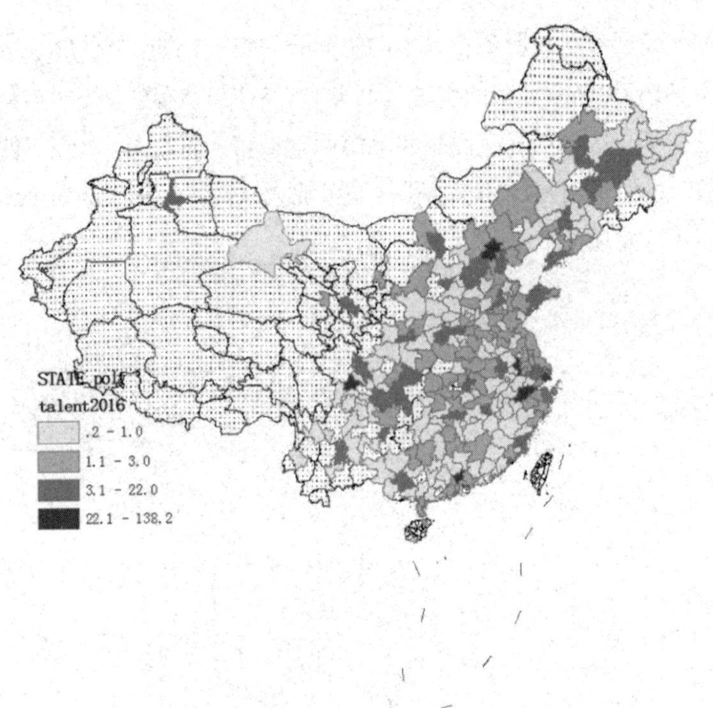

图6-6 2016年科技服务业人才规模的地级市空间分布

表6-2显示了地级市科技服务业人才数量的空间Moran I指数值。可以看出，在2004—2016年期间，城市间科技服务业人才数量存在经济距离相近为空间权重的空间正相关性，即变量高的城市与变量高的城市在经济发展程度上处于同一等级水平。而在地理相邻和地理距离相近空间权重下，Moran I指数则统计不显著，说明科技服务业人才数量不存在地理上的空间集聚特征，从图6-5和图6-6也可看出，科技服务业人才数量最高和较高的城市主要分布在直辖市和省会城市，地理上较为分散。

表6-2 不同空间权重下科技服务业人才规模的Moran I指数

年份	空间权重		
	地理相邻	地理距离	经济距离
2004	0.011	−0.002	0.204***
2005	0.010	−0.002	0.229***
2006	0.009	−0.003	0.225***

（续表）

年份	空间权重		
	地理相邻	地理距离	经济距离
2007	0.009	−0.002	0.224***
2008	0.011	−0.001	0.228***
2009	0.009	−0.002	0.236***
2010	0.009	−0.002	0.236***
2011	0.005	−0.003	0.156***
2012	0.009	−0.002	0.142***
2013	0.012	−0.003	0.306***
2014	0.013	−0.002	0.262***
2015	0.011	−0.003	0.252***
2016	0.009	−0.003	0.223***

3.人均金融机构贷款额的统计描述及空间相关性

图6-7显示了2004—2016年期间地级市人均金融机构贷款额的变化趋势，可以看到，无论是全样本城市，还是东、中、西部地区，在样本期间人均金融机构贷款额均呈现明显的上升趋势；地区间比较显示东部地区人均金融机构贷款额最高，中部地区最低。

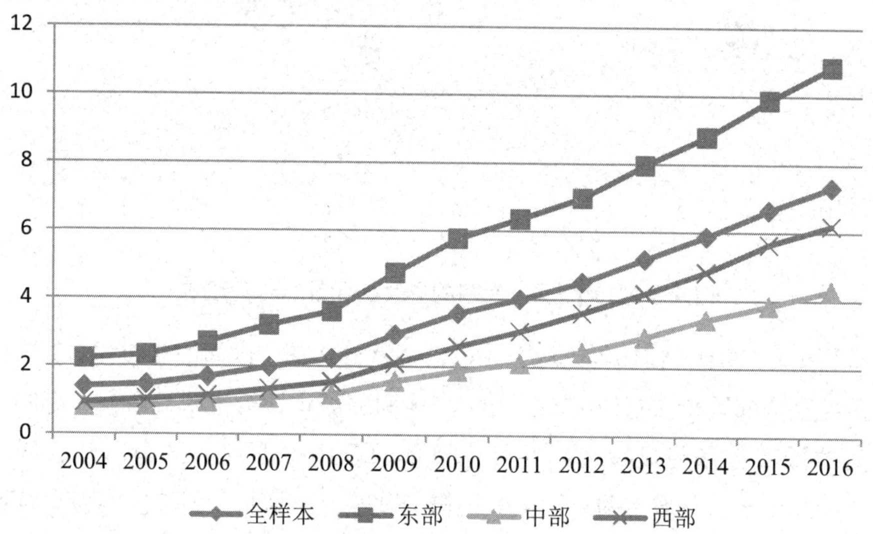

图6-7 不同地区人均金融机构贷款额变化趋势（万元/人）

为进一步展示人均金融机构贷款额的空间分布特征，图6-8至图6-9分别显示了2010年和2016年256个城市的地理空间分布。从图6-8看到，2010年人均金融机构贷款额在第一区间的只有深圳一个城市，在第二区间的城市主要分布在长三角、珠三角、京津等地，在第三区间的城市主要在第二区间城市周围，说明具有正向空间相关性，但也可以看出，在第四区间的城市非常多，占69.5%。

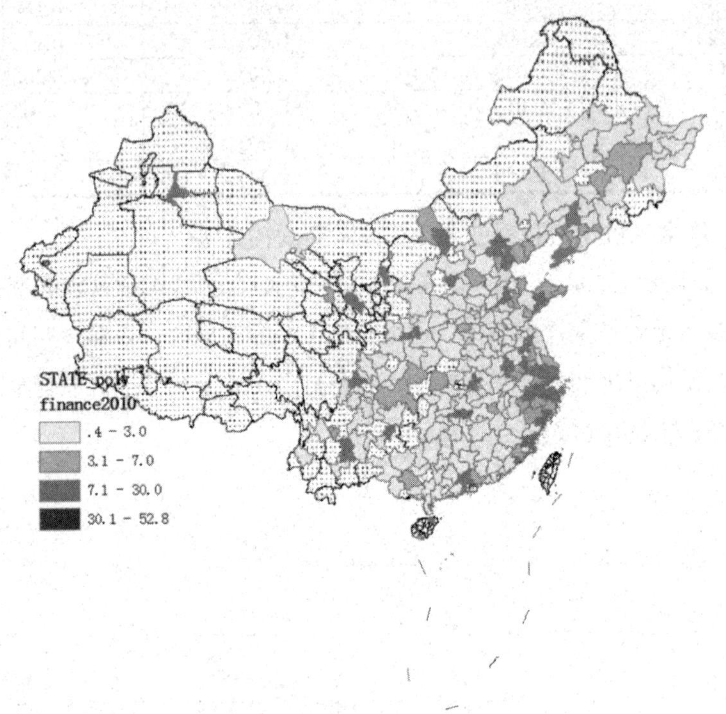

图6-8 2010年人均金融机构贷款额的地级市空间分布

从图6-9看到，2016年人均金融机构贷款额在第一区间的城市增多，有10个，并且全部属于东部地区，第二、三区间的城市数量也明显增加，而第四区间的城市数量明显减少，并且主要集中于中、西部地区。由此表明在2012—2016年，各城市的人均金融机构贷款额有所增长，但地区间差距有所扩大。

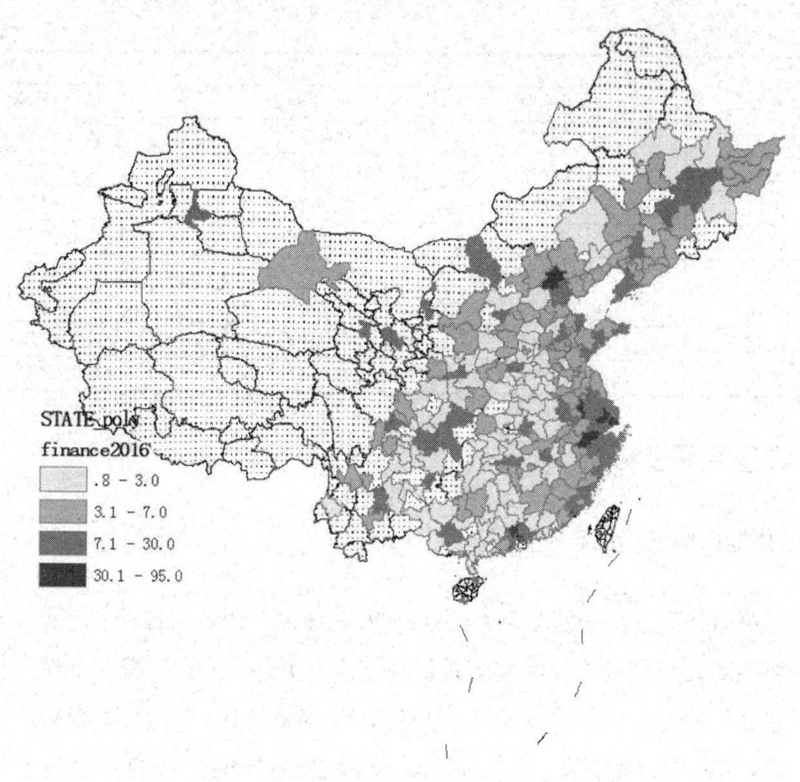

图6-9 2016年人均金融机构贷款额的地级市空间分布

表6-3显示了地级市人均金融机构贷款额的空间Moran I指数值。可以看出，在2004—2016年期间，城市间的人均金融机构贷款额在三种空间权重下均存在显著的空间正相关性，即变量水平高的城市与变量水平高的城市相邻或相近或经济发展程度在同一水平，这也验证了图6-8和图6-9的结果。

表6-3 不同空间权重下人均金融机构贷款额的Moran I指数

年份	空间权重		
	地理相邻	地理距离	经济距离
2004	0.092***	0.048***	0.180***
2005	0.080***	0.034***	0.185***
2006	0.111***	0.054***	0.215***
2007	0.126***	0.061***	0.230***
2008	0.138***	0.064***	0.244***

（续表）

年份	空间权重		
	地理相邻	地理距离	经济距离
2009	0.149***	0.067***	0.267***
2010	0.159***	0.069***	0.270***
2011	0.156***	0.068***	0.278***
2012	0.158***	0.069***	0.289***
2013	0.155***	0.069***	0.291***
2014	0.152***	0.067***	0.287***
2015	0.132***	0.060***	0.258***
2016	0.130***	0.061***	0.255***

6.4 实证结果及分析

6.4.1 分地区的模型估计结果

在检验外商直接投资与环境污染的关系是否存在社会过滤机制时，首先需要判别外商直接投资的环境效应是否存在地区异质。为此，将样本城市按所在地区划分为东部、中部和西部三个地区，分别包括101个、96个和59个城市。表6-4至表6-6分别显示了以地理相邻作为空间权重时2004—2016年时期、2004—2011年时期和2012—2016年时期三个地区的外商直接投资对环境污染的影响。根据LR统计量及Hausman检验，均选择了空间杜宾模型及随机效应模型。从表6-4列（1）～列（3）看到，在2004—2016年期间，无论是东部、中部还是西部样本，均显示外商直接投资变量系数在1%和5%概率下统计显著为正，说明外商直接投资对不同地区环境污染均存在负效应。从列（4）～列（6）看到，ln*fdi*变量系数在东部和中部地区不显著，而西部地区系数在10%概率下大于0，总体来看，外商直接投资对工业废气环境污染的正影响小于工业废水。控制变量中，第二产业增加值和经济比重系数显著大于0，人均生产总值和科教财政支出显著小于0，说明第二产业产值上升会导致污染排放量增加，而人均生产总值和科教财政支出上升能降低污染排放，环境规制则对环境污染没有显著影响。空间变量中，环境污染的空间变量系数均显著大于0，说明工业环境污染具有空间集聚特征，外商直接投资的空间变量系数倾向于小于0，说明相邻地区外商直接投资规模增加将降低本地区的环境污染。

表6-4 全样本不同地区外商直接投资的环境效应（2004—2016年）

因变量	lnwa_water			lnwa_gas		
地区	东部	中部	西部	东部	中部	西部
列	（1）	（2）	（3）	（4）	（5）	（6）
估计模型	SDM	SDM	SDM	SDM	SDM	SDM
ln*fdi*	0.058***	0.053**	0.047**	0.004	0.017	0.058*
	（0.002）	（0.017）	（0.010）	（0.867）	（0.413）	（0.051）
ln*add*	0.343***	0.509***	0.828***	0.366***	0.147	0.955***
	（0.000）	（0.000）	（0.000）	（0.000）	（0.121）	（0.000）
uis	0.108	0.651*	1.890***	2.087***	0.576	0.870
	（0.748）	（0.070）	（0.000）	（0.000）	（0.101）	（0.127）
ln*pgdp*	-0.475***	-0.415***	-0.620***	-0.087	-0.170**	-0.866***
	（0.000）	（0.000）	（0.000）	（0.334）	（0.048）	（0.000）
er	-0.127	0.002	0.253**	0.031	-0.123	-0.040
	（0.168）	（0.982）	（0.020）	（0.784）	（0.165）	（0.731）
ln*fex*	-0.060	-0.220***	-0.203***	-0.098	-0.021	-0.156**
	（0.280）	（0.001）	（0.002）	（0.124）	（0.739）	（0.024）
constant	1.299*	3.902***	3.158***	-0.112	2.050**	2.419**
	（0.075）	（0.000）	（0.000）	（0.873）	（0.011）	（0.049）
***W*1×lnwa_water**	0.703***	0.280**	0.261***			
	（0.000）	（0.019）	（0.008）			
***W*1×lnwa_gas**				0.681***	0.753***	0.480***
				（0.000）	（0.000）	（0.000）
W*1×ln*fdi	-0.044	-0.046	-0.057*	-0.102***	-0.050	-0.001
	（0.133）	（0.212）	（0.060）	（0.002）	（0.153）	（0.974）
LR1 prob	25.29 （0.000）	58.79 （0.000）	83.72 （0.000）	31.80 （0.000）	16.04 （0.000）	48.52 （0.000）
LR2 prob	29.02 （0.000）	61.26 （0.000）	88.60 （0.000）	26,77 （0.000）	27.20 （0.000）	56.97 （0.000）
N	1313	1248	767	1313	1248	767

注：括号内为*p*值，*、**、***分别表示在10%、5%和1%概率下统计显著，下同。

表6-5显示了2004—2011年的估计结果，可以看到，无论是在工业废水排放量还是在工业废气排放量衡量环境污染时，外商直接投资对不同地区环境污染均存在负效应。但可以比较明显地看到，从东到西，ln*fdi*变量的系数呈现递减趋势，说明东部地区的"污染天堂"效应最明显，而西部地区最弱。对此，本书认为这主要是由于东部地区外商直接投资规模最高、西部地区外商直接投资规模最低，以及2004—2011年粗放型经济增长方式导致的，这在前文中已详细陈述。控制变量中，第二产业增加值和经济比重系数显著大于0，人均生产总值和科教财政支出显著小于0，环境规制变量系数则倾向于不显著。空间变量中，环境污染的空间变量系数均显著大于0，外商直接投资的空间变量系数倾向于小于0，和表6-4结果一致。

表6-5 不同地区外商直接投资的环境效应（2004—2011年）

因变量	ln*wa_water*			ln*wa_gas*		
地区	东部	中部	西部	东部	中部	西部
列	（1）	（3）	（5）	（2）	（4）	（6）
估计模型	SDM	SDM	SDM	SDM	SAR	SDM
ln*fdi*	0.050**	0.064*	0.093*	0.047**	0.027**	0.069**
	（0.031）	（0.058）	（0.090）	（0.034）	（0.024）	（0.042）
ln*add*	0.608***	0.903***	1.141***	0.542***	0.271**	1.236***
	（0.000）	（0.000）	（0.000）	（0.000）	（0.023）	（0.000）
uis	0.590	0.138	3.095***	2.262***	0.198	2.069***
	（0.178）	（0.769）	（0.000）	（0.000）	（0.669）	（0.004）
ln*pgdp*	−0.430***	−0.502***	−0.426***	−0.305***	0.104	−0.484***
	（0.000）	（0.000）	（0.008）	（0.005）	（0.305）	（0.006）
er	0.077	−0.041	0.253**	−0.011	−0.230**	−0.216
	（0.491）	（0.687）	（0.022）	（0.941）	（0.021）	（0.131）
ln*fex*	−0.097	−0.395***	−0.437***	−0.117	−0.135**	−0.484***
	（0.125）	（0.000）	（0.000）	（0.136）	（0.040）	（0.000）
constant	−0.526	4.644***	0.799	0.292	4.733***	4.070***
	（0.530）	（0.000）	（0.375）	（0.743）	（0.000）	（0.000）
W*1×ln*wa_water	0.734***	0.135**	0.196*			
	（0.000）	（0.039）	（0.099）			

（续表）

因变量	lnwa_water			lnwa_gas		
地区	东部	中部	西部	东部	中部	西部
列	（1）	（3）	（5）	（2）	（4）	（6）
估计模型	SDM	SDM	SDM	SDM	SAR	SDM
W*1×ln*wa_gas				0.604***	0.459***	0.056
				（0.000）	（0.000）	（0.637）
W*1×ln*fdi	−0.123***	−0.110***	−0.070**	−0.106**		−0.050
	（0.002）	（0.003）	（0.027）	（0.031）		（0.223）
*LR*1 *prob*	37.65（0.000）	17.13（0.009）	45.09（0.000）	46.33（0.000）	8.67（0.193）	16.11（0.013）
*LR*2 *prob*	39.14（0.000）	17.71（0.007）	44.40（0.000）	47.28（0.000）	9.37（0.154）	16.32（0.012）
*LR*1 *prob*					18.23（0.000）	
*LR*2 *prob*					7.56（0.337）	
N	808	768	472	808	768	472

表6-6显示了2012—2016年的估计结果，可以看到，不同于2004—2011年三个地区具有一致的“污染天堂”效应，在2012—2016年，ln*fdi*变量系数在三个地区均不同，在东部地区，外商直接投资变量显著小于0，说明外商直接投资对环境污染有负效应，更高规模的外资规模能改善环境质量，说明存在“污染光环”效应；在中部地区，外商直接投资变量显著大于0，说明外商直接投资对环境污染有负效应，更高规模的外资规模将加剧环境污染，仍然存在“污染天堂”效应；在西部地区，外商直接投资变量统计不显著，说明西部地区外商直接投资对环境污染不存在显著影响。控制变量和空间变量中，除科教财政支出变量不再统计显著外，其余变量系数和显著性与表6-4、表6-5一致，这里不再赘述。

通过表6-5和表6-6的结果，可以得出外商直接投资环境效应存在地区异质性，并且这一“异质”的结论与以往学者得到的结果有两点不同：一方面，在2012年以前和2012年以后，结论有很大的差异，而以往学者未考虑到时期划分；另一方面，普遍学者得到“东高西低”或者“东低西高”[①]的结论，而本书发

① “东高西低”是指东部地区外商直接投资环境正效应最高，中部次之，西部最低，而“东低西高”恰好相反。

现在2012—2016年，三个地区的顺序依次是“东、西、中”。

表6-6 不同地区外商直接投资的环境效应（2012—2016年）

因变量	lnwa_water			lnwa_gas		
地区	东部	中部	西部	东部	中部	西部
列	（1）	（5）	（4）	（3）	（2）	（6）
估计模型	SDM	SDM	SAR	SDM	SAR	SDM
ln*fdi*	−0.033**	0.065**	0.093	−0.062**	0.018*	0.045
	（0.044）	（0.049）	（0.110）	（0.034）	（0.075）	（0.180）
ln*add*	0.458***	0.238**	0.715***	0.372***	0.023	0.430*
	（0.000）	（0.028）	（0.000）	（0.001）	（0.890）	（0.073）
uis	1.093**	0.488	0.300	1.376**	2.383**	2.399***
	（0.030）	（0.311）	（0.648）	（0.025）	（0.000）	（0.002）
ln*pgdp*	−0.269**	−0.238*	−0.880***	−0.292**	−0.468*	−0.866***
	（0.026）	（0.070）	（0.000）	（0.025）	（0.058）	（0.002）
er	0.013	0.249*	−0.196	0.206	0.127	0.074
	（0.910）	（0.067）	（0.357）	（0.168）	（0.514）	（0.704）
ln*fex*	0.013	0.145	−0.019	−0.054	0.233	−0.040
	（0.876）	（0.179）	（0.803）	（0.613）	（0.184）	（0.522）
constant	−1.902	−0.443	5.541***	−0.246	1.279	10.234***
	（0.143）	（0.791）	（0.002）	（0.850）	（0.470）	（0.000）
***W*1×lnwa_water**	0.651***	0.782***	0.001			
	（0.000）	（0.000）	（0.989）			
***W*1×lnwa_gas**				0.864***	0.596***	0.166
				（0.000）	（0.000）	（0.286）
W*1×ln*fdi	−0.057	−0.151**	−0.038	−0.173***		0.029
	（0.106）	（0.030）	（0.476）	（0.000）		（0.524）
*LR*1 *prob*	10.02（0.124）	23.97（0.000）	4.68（0.585）	51.85（0.000）	5.27（0.509）	13.56（0.035）
*LR*2 *prob*	15.24（0.018）	36.25（0.000）	4.69（0.584）	40.33（0.000）	6.67（0.352）	16.87（0.009）
*LR*1 *prob*			19.85（0.000）		21.09（0.000）	
*LR*2 *prob*			4.98（0.417）		6.63（0.378）	
N	505	480	295	505	480	295

6.4.2 社会过滤对外商直接投资环境效应的影响

再检验社会过滤能否解释地区间外商直接投资环境效应的差异，因此对模型（6-2）进行估计，表6-7至表6-9分别显示了三个社会过滤衡量指标对不同时期外商直接投资与环境污染关系的调节效应结果。从表6-7看到，在全样本时期，单独的外商直接投资变量系数显著大于0，而外商直接投资与职工工资的乘积交叉项在1%概率下显著小于0，说明外商直接投资的环境污染效应与职工工资水平这一社会过滤指标有关。通过计算得出外商直接投资对工业环境污染的边际影响为：$\partial \Delta \ln wa\_water / \partial \ln fdi = 0.320 - 0.030 \ln wage$、$\partial \Delta \ln wa\_gas / \partial \ln fdi = 0.266 - 0.025 \ln wage$。由此看到随着职工平均工资水平的上升，外商直接投资的环境污染负效应将逐渐下降，并且可以计算出对数职工平均工资水平的临界值大约为10. 67和10. 64，这说明当对数职工平均工资低于10. 64时，外商直接投资对环境污染有正影响，而当对数职工平均工资高于10. 64后，外商直接投资对环境污染有负影响。可以计算出在全样本时期，东、中、西部地区的对数职工平均工资水平的均值分别为10. 394、10. 171和10. 295，均小于10. 64，因此在全样本时期，三个地区外商直接投资均存在环境效应。这与表6-4得到的结论基本一致。控制变量和空间变量的系数符号和显著性与前面相同，这里不再一一赘述。

再观察2004—2011年和2012—2016年的结果，除列（4）外，其余几列外商直接投资变量均显著大于0，而乘积交叉项均显著小于0，说明职工平均工资水平对外商直接投资的环境污染效应存在负向的调节作用，即随着职工平均工资的上升，外商直接投资对环境污染的正影响会逐渐减弱。由列（3）可以计算出2004—2011年对数职工平均工资水平的临界值为10. 43，而对应的该时期，三个地区的对数职工平均工资水平分别是10. 103、9. 855和9. 980，其中仅在2011年东部和西部地区对数职工平均工资水平超过10. 43，在其余年份全部地区的对数职工平均工资水平均低于10. 43，因此总体来看，在2004—2011年，三个地区存在明显的职工平均工资过滤机制，使得外商直接投资对环境污染仍然存在正影响，这和表6-5有一致的结果。

计算2012—2016年外商直接投资环境效应由负转正的临界值为10.79，三个地区的对数职工平均工资水平分别是10.860、10.677和10.805，并且三个地区分别在2014、2015和2016年职工平均工资水平超过了临界值，因此可以看出东部地区已经越过了临界值，而西部地区在临界值附近，中部地区还落后于临界值，最终使得东部地区外商直接投资对环境污染存在正效应，而中部地区存在负效应，西部地区则并不明显，这和表6-6结论相同。

表6-7的结果表明假设H1是成立的，以职工工资水平代理的社会过滤对外商直接投资环境效应将产生显著的调节作用，在2004—2011年，由于东、中、西部地区职工平均工资水平都较低，社会过滤程度较严重，外商直接投资的环境污染负效应未能转变；而在2012—2016年，东部地区社会过滤程度较轻，超过了临界水平，使得外商直接投资的环境污染负效应转为正效应，而在社会过滤仍然较重的中部地区，仍然存在环境污染负效应。

表6-7 职工工资对外商直接投资环境效应的调节效应

时期	2004—2016年		2004—2011年		2012—2016年	
因变量	ln*wa_water*	ln*wa_gas*	ln*wa_water*	ln*wa_gas*	ln*wa_water*	ln*wa_gas*
列	（1）	（2）	（3）	（4）	（5）	（6）
估计模型	SDM	SDM	SDM	SDM	SDM	SDM
ln*fdi*	0.320***	0.266***	0.146**	0.101	0.778**	0.475***
	（0.000）	（0.000）	（0.025）	（0.105）	（0.000）	（0.000）
ln*fdi*×ln*wage*	−0.030***	−0.025***	−0.014*	−0.012	−0.072***	−0.044***
	（0.000）	（0.000）	（0.059）	（0.162）	（0.000）	（0.000）
ln*add*	0.543***	0.285***	0.875***	0.563***	0.504***	0.302***
	（0.000）	（0.000）	（0.000）	（0.000）	（0.000）	（0.000）
uis	−0.795***	0.470**	−1.403***	0.058	0.061	1.017***
	（0.000）	（0.045）	（0.000）	（0.854）	（0.851）	（0.010）
ln*pgdp*	−0.268***	−0.056	−0.339***	−0.141*	−0.086	−0.058
	（0.000）	（0.425）	（0.000）	（0.091）	（0.383）	（0.629）
er	0.014	−0.036	0.103*	−0.103	−0.163*	−0.182*
	（0.803）	（0.544）	（0.096）	（0.163）	（0.061）	（0.081）
ln*fex*	−0.051	0.006	−0.231***	−0.141**	0.102**	0.039
	（0.168）	（0.876）	（0.000）	（0.012）	（0.033）	（0.491）

（续表）

时期	2004—2016年		2004—2011年		2012—2016年	
因变量	lnwa_water	lnwa_gas	lnwa_water	lnwa_gas	lnwa_water	lnwa_gas
列	（1）	（2）	（3）	（4）	（5）	（6）
估计模型	SDM	SDM	SDM	SDM	SDM	SDM
constant	0.084	0.976	−0.254	2.546***	−2.836***	0.356
	（0.882）	（0.122）	（0.704）	（0.001）	（0.005）	（0.770）
***W*1×lnwa_water**	0.441***		0.327***		0.327***	
	（0.000）		（0.000）		（0.002）	
***W*1×lnwa_gas**		0.597***		0.388***		0.607***
		（0.000）		（0.000）		（0.000）
***W*1×lnfdi**	−0.030*	−0.071***	−0.070***	−0.133***	−0.062**	−0.168***
	（0.090）	（0.000）	（0.001）	（0.000）	（0.015）	（0.000）
LR1 prob	40.80（0.000）	27.43（0.000）	29.86（0.000）	37.89（0.000）	18.86（0.000）	42.60（0.000）
LR2 prob	43.53（0.000）	21.91（0.002）	28.00（0.000）	30.08（0.000）	28.60（0.000）	30.54（0.000）
N	3328	3328	2048	2048	1280	1280

表6-8显示了以城市科技服务业人才数量代理的社会过滤对外商直接投资环境效应的调节效应结果。从表中看到，除了列（4）之外，无论是全样本时期还是不同时期阶段，单独的外商直接投资变量系数显著大于0，而外商直接投资与科技服务业人才数量的乘积交叉项显著小于0，说明外商直接投资的环境污染效应也受到城市科技服务业人才数量的调节作用。在列（1）、（2）下通过计算得出外商直接投资对环境污染的影响由正转负的临界值分别为2. 85和2. 87。进一步，可以计算出在全样本时期，东、中、西部地区的科技服务业人才数量均值水平分别为2. 790、1. 159和1. 692，均低于2. 85，因此在2004—2016年期间，三个地区外商直接投资均存在环境污染负效应。

在2004—2011年，通过列（3）计算出科技服务业人才工资水平的临界值为2. 41，而对应的该时期，三个地区的科技服务业人才数量均值分别是2. 205、0. 977和1. 248，其中仅在2010和2011年东部地区科技服务业人才数量超过临界值，在其余年份全部地区均低于临界值，因此总体来看，在2004—2011年，三个地区存在明显的科技人才过滤机制，使得外商直接投资对环境污染存在正影响。在2012—2016年，科技服务业人才数量的临界值为3.13，三个地区的科技服务业人才数量的均值分别是4.246、1.451和2.401，并且三个地区中只有东部地区在2012—2016年期间科技服务业人才数量超过了临界值，而中部和西部地区在2016年仍然小于临界值，因此说明在2012—2016年，东部地区外商直接投资对环境污染存在正效应，而在中部和西部地区，外商直接投资对环境污染仍然存在负效应。

表6-8的结果表明假设H2是成立的，在高科技人才规模相对较高的东部地区，较低社会过滤促使外商直接投资的环境污染效应由负转正，在2012—2016年东部地区存在“污染光环”效应，而在高科技人才规模相对较低的中、西部地区，较高社会过滤未能逆转外商直接投资的环境效应，在2012—2016年这两个地区仍然表现为“污染天堂”效应。

表6-8 科技人才数量对外商直接投资环境效应的调节效应

时期	2004—2016年		2004—2011年		2012—2016年	
因变量	ln*wa_water*	ln*wa_gas*	ln*wa_water*	ln*wa_gas*	ln*wa_water*	ln*wa_gas*
列	（1）	（2）	（3）	（4）	（5）	（6）
估计模型	SDM	SDM	SDM	SDM	SDM	SDM
ln*fdi*	0.0468***	0.0204*	0.0284**	0.0214	0.0705***	0.0502***
	（0.000）	（0.014）	（0.013）	（0.110）	（0.000）	（0.008）
ln*fdi×talent*	-0.0164*	-0.0071***	-0.0118**	-0.0087	-0.0225*	-0.0157**
	（0.070）	（0.000）	（0.036）	（0.106）	（0.087）	（0.030）
ln*add*	0.5295***	0.3238***	0.9154***	0.5987***	0.4546***	0.3146***
	（0.000）	（0.000）	（0.000）	（0.000）	（0.000）	（0.000）
uis	-0.4118**	0.5515**	-1.4850***	-0.0220	1.2214***	1.5555***
	（0.047）	（0.014）	（0.000）	（0.946）	（0.000）	（0.000）
ln*pgdp*	-0.4013***	-0.2105***	-0.4099***	-0.2015***	-0.4872***	-0.3150***
	（0.000）	（0.001）	（0.000）	（0.008）	（0.000）	（0.001）
er	0.0423	-0.0137	0.1037*	-0.1022	0.1707*	0.1987*
	（0.439）	（0.818）	（0.093）	（0.166）	（0.052）	（0.058）
ln*fex*	-0.1290***	-0.0581	-0.2804***	-0.1841***	0.0217	0.0083
	（0.000）	（0.115）	（0.000）	（0.000）	（0.644）	（0.882）

（续表）

时期	2004—2016年		2004—2011年		2012—2016年	
因变量	lnwa_water	lnwa_gas	lnwa_water	lnwa_gas	lnwa_water	lnwa_gas
列	（1）	（2）	（3）	（4）	（5）	（6）
估计模型	SDM	SDM	SDM	SDM	SDM	SDM
constant	2.2022***	2.5334***	0.5266	3.1600***	2.0264**	2.5644***
	（0.000）	（0.000）	（0.259）	（0.000）	（0.018）	（0.009）
W*1×ln*wa_water	0.4609***		0.3207***		0.3864***	
	（0.000）		（0.000）		（0.000）	
W*1×ln*wa_gas		0.6071***		0.3887***		0.6315***
		（0.000）		（0.000）		（0.000）
W*1×ln*fdi	−0.0334*	−0.0719***	−0.0723***	−0.1365***	−0.0597**	−0.1604***
	（0.060）	（0.000）	（0.000）	（0.000）	（0.023）	（0.000）
*LR*1 *prob*	80.55（0.000）	22.50（0.002）	32.55（0.000）	36.69（0.000）	19.19（0.008）	41.99（0.000）
*LR*2 *prob*	86.36（0.000）	19.20（0.008）	31.93（0.000）	29.49（0.000）	32.76（0.000）	37.63（0.000）
N	3328	3328	2048	2048	1280	1280

表6-9显示了以城市人均金融机构贷款额代理的社会过滤对外商直接投资环境效应的调节效应结果。从表中看到，除了列（4）外，单独的外商直接投资变量系数均显著大于0，而除列（3）外，外商直接投资与人均金融机构贷款额的乘积交叉项均显著小于0。由此说明外商直接投资的环境污染效应受到城市人均金融机构贷款额的调节作用。在列（1）、（2）下通过计算得出外商直接投资对环境污染的影响由正转负的临界值为5. 95。进一步，可以计算出在2004—2016年期间，东、中、西部地区的城市人均贷款额均值分别为5. 812、2. 103和2. 941，均低于临界值，因此在2004—2016年期间，三个地区外商直接投资对环境污染均存在负效应。

在2004—2011年，通过列（3）、（4）计算出人均金融贷款额的临界值为4. 10，而对应的该时期，三个地区的人均金融机构贷款额均值分别是3. 882、1. 301和1. 719，其中仅在2009—2011年的东部地区人均金融机构贷款额水平超过临界值，在其余年份其他地区均低于临界值，因此总体来看，在2004—2011年，三个地区存在明显的金融发展水平过滤机制，使得外商直接投资对环境污染存在正影响。在2012—2016年人均金融机构贷款额的临界值为6. 72，三个地区的人均金融机构贷款额的均值分别是8. 898、3. 386和4. 897，并且三个地区中只有东部地区历年人均金融机构贷款额超过了临界值，而中部和西部地区历年都小于临界值，因此说明在2012—2016年，东部地区外商直接投资对环境污染存在正效应，而在中部和西部地区，外商直接投资对环境污染仍然存在负效应。

表6-9的结果表明假设H3是成立的，在金融发展水平较高、金融资源较丰富的东部地区，较低社会过滤促使外商直接投资的环境污染效应由正转负，在2012—2016年东部地区存在“污染光环”效应，而在金融发展水平相对较低的中、西部地区，较高社会过滤未能逆转外商直接投资的环境效应，在2012—2016年这两个地区表现为“污染天堂”效应。

表6-9 金融发展水平对外商直接投资环境效应的调节效应

时期	2004—2016年		2004—2011年		2012—2016年	
因变量	lnwa_water	lnwa_gas	lnwa_water	lnwa_gas	lnwa_water	lnwa_gas
估计模型	SDM	SDM	SDM	SDM	SDM	SDM
列	（1）	（2）	（3）	（4）	（5）	（6）
ln*fdi*	0.0458***	0.0209*	0.0275**	0.0198	0.0625***	0.0549***
	（0.000）	（0.015）	（0.016）	（0.136）	（0.000）	（0.004）
ln*fdi*×*finance*	−0.0077**	−0.0035***	−0.0067	−0.0048***	−0.0093***	−0.0082**
	（0.038）	（0.000）	（0.344）	（0.000）	（0.000）	（0.042）
ln*add*	0.4993***	0.4112***	0.9057***	0.6704***	0.4556***	0.3054***
	（0.000）	（0.000）	（0.000）	（0.000）	（0.000）	（0.000）
uis	−0.2470	−0.0353	−1.4560***	−0.5724*	1.4029***	1.5089***
	（0.264）	（0.882）	（0.000）	（0.089）	（0.000）	（0.000）
ln*pgdp*	−0.3809***	−0.2571***	−0.4008***	−0.2101***	−0.5795***	−0.2529**
	（0.000）	（0.000）	（0.000）	（0.005）	（0.000）	（0.013）
er	0.0477	−0.0430	0.1068*	−0.1120	0.1800**	0.1895*
	（0.383）	（0.468）	（0.084）	（0.127）	（0.040）	（0.071）
ln*fex*	−0.1340***	−0.0233	−0.2774***	−0.1652***	0.0024	0.0155
	（0.000）	（0.529）	（0.000）	（0.000）	（0.959）	（0.784）
constant	2.3813***	1.6488***	0.5111	2.2822***	3.1388***	2.0881*
	（0.000）	（0.000）	（0.296）	（0.000）	（0.001）	（0.051）

（续表）

时期	2004—2016年		2004—2011年		2012—2016年	
因变量	lnwa_water	lnwa_gas	lnwa_water	lnwa_gas	lnwa_water	lnwa_gas
估计模型	SDM	SDM	SDM	SDM	SDM	SDM
列	（1）	（2）	（3）	（4）	（5）	（6）
***W*1×lnwa_water**	0.4637***		0.3233***		0.3767***	
	（0.000）		（0.000）		（0.000）	
***W*1×lnwa_gas**		0.6183***		0.3951***		0.6281***
		（0.000）		（0.000）		（0.000）
W*1×ln*fdi	−0.0309*	−0.0900***	−0.0722***	−0.1434***	−0.0488*	−0.1684***
	（0.083）	（0.000）	（0.000）	（0.000）	（0.064）	（0.000）
*LR*1 *prob*	41.99（0.000）	69.19（0.000）	39.43（0.000）	37.91（0.000）	20.27（0.000）	40.22（0.000）
*LR*2 *prob*	37.63（0.000）	70.48（0.000）	15.36（0.032）	35.74（0.000）	31.84（0.000）	32.72（0.000）
N	3328	3328	2048	2048	1280	1280

通过表6-7至表6-9的结果可以反映出在2004—2011年，外商直接投资环境效应在三个地区均存在负效应，即外商直接投资增加会加剧环境污染，并且此时地方政府引资的规模效应远大于社会过滤机制，因此尽管东部地区社会过滤较轻，但仍然对环境污染产生负向影响，并且这一影响大于中、西部；而在2012—2016年，社会过滤机制明显占据了主导位置，随着东部地区社会过滤水平超过了临界值，社会过滤对FDI环境效应的影响超过了FDI本身，因此在这一阶段，地区之间由于社会过滤程度的差异性，最终导致了地区间外商直接投资环境效应的不同。这也最终表明，在2004—2011年和2012—2016年，我国外商直接投资的环境效应存在差异。

6.4.3 经济距离空间权重的稳健性检验

考虑到表6-2中科技服务业人才数量在地理距离和经济距离权重下空间相关性不同，为检验上述以地理相邻作为空间权重所估计得到的结论是否稳健，下面采用经济距离作为空间权重进行稳健性检验。表6-10首先估计了2004—2011年和2012—2016年外商直接投资对环境污染的影响。可以看到，在经济距离空间权重下，前三列结果显示外商直接投资变量系数分别在5%和10%

概率下统计显著为正，且系数在东部、中部和西部中依次递减，总体来看，该结果与表6-5一致，说明2004—2011年三个地区外商直接投资对环境污染均有负效应。再观察后三列，可以看到，东部地区外商直接投资变量系数在10%概率下小于0，而中部和西部地区显著大于0，但中部地区系数要大于西部地区，说明2012—2016年三个地区外商直接投资的环境效应异质，除表6-6中、西部地区ln*fdi*系数不显著外，结论基本一致。控制变量和空间变量中，除西部地区***W*3**×ln*fdi*正向显著外，其余变量符号、显著性与前面一致。

表6-10 经济距离权重下不同地区外商直接投资的环境效应

因变量	ln*wa_water*					
时期	2004—2011年			2012—2016年		
地区	东部	中部	西部	东部	中部	西部
估计模型	SDM	SDM	SDM	SDM	SDM	SEM
ln*fdi*	0.132**	0.096*	0.093*	-0.021*	0.051**	0.033***
	(0.044)	(0.069)	(0.089)	(0.072)	(0.024)	(0.001)
ln*add*	0.759***	0.784***	0.731***	0.439***	0.335***	0.716***
	(0.000)	(0.000)	(0.000)	(0.000)	(0.002)	(0.000)
uis	0.426	0.071	0.354	1.750***	1.022**	0.290
	(0.366)	(0.878)	(0.599)	(0.000)	(0.041)	(0.670)
ln*pgdp*	-0.624***	-0.222**	-0.833***	-0.354***	-0.469***	-0.878***
	(0.000)	(0.043)	(0.000)	(0.005)	(0.001)	(0.000)
er	0.102	-0.030	-0.216	0.077	0.238*	-0.198
	(0.388)	(0.764)	(0.297)	(0.492)	(0.087)	(0.356)
ln*fex*	-0.080	-0.244***	0.005	0.096	0.114	-0.019***
	(0.229)	(0.001)	(0.951)	(0.287)	(0.296)	(0.001)
constant	3.733***	5.383***	2.936	-0.874	0.540	5.525***
	(0.000)	(0.000)	(0.135)	(0.531)	(0.755)	(0.002)
***W*3**×ln*wa_water*	0.043	0.328**	0.035	0.422***	0.635***	
	(0.733)	(0.011)	(0.862)	(0.005)	(0.000)	
***W*3**×ln*fdi*	0.081	-0.119***	0.208***	0.025	-0.029	
	(0.101)	(0.008)	(0.005)	(0.533)	(0.796)	
*LR*1 *prob*	17.74(0.007)	19.08(0.004)	41.01(0.000)	19.84(0.003)	31.14(0.000)	5.46 (0.486)
*LR*2 *prob*	17.72(0.007)	19.66(0.003)	41.02(0.000)	22.05(0.001)	47.52(0.000)	5.22 (0.516)

（续表）

因变量	ln*wa_water*					
时期	2004—2011年		2004—2011年		2004—2011年	
地区	东部	中部	西部	东部	中部	西部
估计模型	SDM	SDM	SDM	SDM	SDM	SEM
*LR*1 *prob*						5.53（0.491）
*LR*2 *prob*						7.99（0.266）
N	808	768	295	505	480	472

表6-11显示了两个时期三个社会过滤指标对外商直接投资环境效应的调节作用。可以看到，在2004—2011年，单独的外商直接投资变量系数在10%概率下显著大于0，而外商直接投资与各社会过滤指标的乘积交叉项均显著小于0，说明外商直接投资的环境效应受到社会过滤指标的调节作用，并且社会过滤程度越轻，外商直接投资的环境污染负效应越弱，甚至当社会过滤指标超过临界值水平后，可能转变为正效应。通过计算得出外商直接投资对环境污染影响由正转负的临界值分别为10.37、2.49、4.22，通过测算得到2004—2011年东、中、西部地区各社会过滤指标均值均在临界值水平以下，因此外商直接投资对环境污染仍然存在正向影响。在2012—2016年，ln*fdi*变量系数在1%概率下显著大于0，交叉项同样显著小于0，说明在2012—2016年社会过滤程度的减轻也能促进外商直接投资的环境正效应。计算得出在这一时期外商直接投资对环境污染影响由正转负的临界值分别为10.78、3.21、6.87，对比得出东部地区社会过滤指标值超过了临界值，中部地区均落后于临界值，西部地区职工平均工资水平略高于临界值，而科技人才数量和金融发展水平低于临界值。因此三个地区外商直接投资环境效应由于社会过滤程度的不同，而导致异质性。控制变量以及***W***3×ln*wa_water*符号与显著性与前面相同，而***W***3×ln*fdi*符号在2012—2016年下显著大于0，这与前面结果相反。对此，本书认为在地理相邻权重下，多元化官员考核方式会促进相邻城市外商直接投资产生生态溢出效应，从而能降低本城市的环境污染。而在经济距离权重下，经济发展相近城市的生态效应无法溢出到本地区，相反由于城市间环境规制竞争主要发生在地理相邻或地理相近地区，因此该城市外商直接

投资产生的环境污染可能会流入环境规制水平低的城市。

表6-11 经济距离权重下社会过滤对FDI环境效应的影响

因变量	ln*wa_water*					
时期	2004—2011年			2012—2016年		
估计模型	SDM	SDM	SDM	SDM	SDM	SDM
ln*fdi*	0.1214*	0.0202*	0.0194*	0.6070***	0.0485***	0.0440***
	(0.053)	(0.002)	(0.015)	(0.000)	(0.001)	(0.002)
ln*fdi*×ln*wage*	-0.0117*			-0.0563***		
	(0.069)			(0.000)		
ln*fdi*×*talent*		-0.0081**			-0.0151*	
		(0.025)			(0.081)	
ln*fdi*×*finance*			-0.0046**			-0.0064***
			(0.049)			(0.005)
ln*add*	1.0126***	1.0476***	1.0347***	0.5094***	0.4866***	0.4809***
	(0.000)	(0.000)	(0.000)	(0.000)	(0.000)	(0.000)
uis	1.6685***	1.7703***	1.7132***	0.1969	0.9200***	1.1231***
	(0.000)	(0.000)	(0.000)	(0.540)	(0.002)	(0.000)
ln*pgdp*	-0.4811***	-0.5359***	-0.5256***	-0.3040***	-0.5966***	-0.6703***
	(0.000)	(0.000)	(0.000)	(0.003)	(0.000)	(0.000)
er	0.0942	0.0925	0.0965	0.1377	0.1334	0.1428
	(0.135)	(0.142)	(0.125)	(0.112)	(0.126)	(0.101)
ln*fex*	-0.2737***	-0.3091***	-0.3074***	0.1414***	0.0970**	0.0781*
	(0.000)	(0.000)	(0.000)	(0.003)	(0.040)	(0.100)
constant	2.0162***	2.4706***	2.5407***	-3.0088***	-0.2814	0.8337
	(0.008)	(0.000)	(0.000)	(0.003)	(0.759)	(0.401)
***W*3**×ln*wa_water*	0.0010	0.0072	0.0030	0.3304***	0.4110***	0.3963***
	(0.991)	(0.932)	(0.971)	(0.001)	(0.000)	(0.000)
***W*3**×ln*fdi*	-0.0096	-0.0133	-0.0123	0.1341***	0.1544***	0.1560***
	(0.706)	(0.598)	(0.628)	(0.000)	(0.000)	(0.000)
*LR*1 *prob*	17.19(0.016)	17.94(0.012)	19.04(0.008)	33.08(0.000)	46.63(0.000)	50.10(0.000)
*LR*2 *prob*	17.49(0.014)	18.26(0.010)	19.32(0.007)	41.66(0.000)	62.00(0.000)	66.65(0.000)
N	2048	2048	2048	1280	1280	1280

表6-10和表6-11的结果表明在采用不同空间权重时，不同社会过滤指标对

不同地区外商直接投资环境效应的影响是稳健的，因此前面所得结论可靠。

6.5 本章小结

本章在外商直接投资环境效应可能存在地区异质的背景下，从社会过滤角度出发，对2004—2011年和2012—2016年不同地区间外商直接投资的环境效应进行分析，讨论地区间社会过滤程度不同能否解释这一结论的差异性。采用分阶段的估计结果发现，社会过滤对外商直接投资的环境污染效应存在负向调节作用。在2004—2011年，东、中、西部地区的以职工平均工资、科技服务业人才数量和人均金融机构贷款额代理的社会过滤程度均低于环境污染效应由负转正的临界值，因此三个地区外商直接投资对环境污染均存在负效应；而在2012—2016年，东部地区的社会过滤程度超出临界值，而中、西部地区的社会过滤程度仍然低于临界值，使得东部地区存在外商直接投资环境污染正效应，而中、西部地区仍然存在外商直接投资环境污染负效应。由此表明，社会过滤会影响地区对于外商直接投资的生态溢出的吸收和消化能力，最终影响地区外商直接投资的环境效应水平。

第7章　结论与政策建议

7.1 研究结论

2008年全球性经济危机爆发，此后世界经济进入缓慢复苏的进程中。中国尽管在金融危机后迅速出台了巨额的投资计划，但不可否认，过去依靠资源、廉价劳动力驱动的粗放型经济增长方式已不可持续。特别是中国进入新时代以来，转变经济增长方式成为中央经济工作内容的重点。这也表明过去“以经济建设为中心”的制度带来了一些弊端，如各地区为积极发展经济，采取多种手段“招商引资”，甚至降低环境规制水平，这导致我国生态环境遭受了严重的破坏，水气污染、雾霾等问题对居民的生活和生命构成了巨大威胁。十八大以来中央加强了生态文明建设，实施了最严格的生态环境保护制度，这些说明，随着中国经济结构的转变和对环境态度的调整，地方通过吸引外商投资发展经济这一行为对环境的影响方向和路径可能发生改变。

现阶段，关于外商直接投资的环境效应已获得了大量的研究，在中国经验上，“污染天堂”“污染光环”以及非线性关系的结论均存在。这些研究为本书奠定了方向基础，并提供了思路借鉴。但是，在十八大前后，地方政府的引资竞争程度、政府官员对生态环境的态度已改变，因此，以往学者只讨论任何一个阶段或者将前后两个阶段纳入一个样本中分析都会造成结论的不准确。本书认为，十八大以来影响外商直接投资环境效应的外部因素有三个方面：首先，中央环境规制和环境督查的强度明显上升，可能会倒逼外资企业加大环境创新溢出；其次，中央对地方政府官员的考核方式发生了根本性转变，从过去的以经济考核为主转向多元化考核；最后，居民环保意识和社会形态也发生了重大转变，特别是在经济发达的地区，居民和政府对生态环境的要求和投入也很大。由此，本书认为以往学者得到不一致的结论，可能是未考虑到我国经济、社会、制度环境发生了明显的转变。基于此，本书考虑新时代背景，采用对比的方式，从外商直接投资生态创新溢出、地方政府官员考核方式转变，以及地区社会过滤三个角度，来研究新时代外商直接投资的环境效应。

通过选取256个地级市面板数据，同时利用空间面板数据模型，分析得出了如下结论：

（1）改革开放以来，我国外商直接投资的整体规模连续上升，分行业看，第三产业增长速度最快，成为外商直接投资的主要来源。分地区看，东部地区外商直接投资规模最大，外商直接投资最高的城市主要分布在东部地区，西部最小，且从近两年看，东部有较大幅度回落，而中部仍有上升，地区间差距有所缩小。我国工业环境污染排放量呈现先升后降的趋势，在近几年环境质量有所好转。从行业结构看，高能耗、高污染行业的污染排放量比例有所下降。从地区角度看，东部地区城市工业污染排放量最高，中、西部城市最低，但地区间比例变化不明显。统计描述分析初步表明外商直接投资与环境污染的相关性先正后负。

（2）在考虑新时代我国对生态环境的态度和政策转变的背景下，将样本期划分为2004—2011年和2012—2016年两个时期的子样本，分析我国外商直接投资规模不断扩大背景下，环境污染先增后降的根本原因及其差异。实证得出，在2004—2011年，外商直接投资会直接和通过生产技术创新溢出间接促进环境污染加剧，外商直接投资的环境效应符合“污染天堂”假说；而在2012—2016年，外商直接投资会直接和通过生态技术创新溢出间接降低工业环境污染，外商直接投资的环境效应符合“污染光环”假说。由此表明新时代中央环境政策转变下的FDI生态技术创新的溢出是促进工业污染排放减少的主要因素。

（3）在考虑我国地方政府官员晋升考核指标转变的背景下，探讨地方政府官员考核方式转变是否影响外商直接投资与环境污染的关系。实证得出，在2004—2011年，地方政府的经济竞争促进了地方政府趋劣型吸引外资，外商直接投资会促进环境污染加剧，符合“污染天堂”假说；而在2012—2016年，多元化考核系统下，地方政府会选择性引进外资，同时加大环境治理力度，外商直接投资会降低工业环境污染，符合“污染光环”假说。由此表明，地方政府官员考核方式将会改变地方政府的工作方向和经济发展方式，显著地影响外商直接投资的环境效应。

（4）在外商直接投资环境效应可能存在地区异质的背景下，从社会过滤角度出发，对2004—2011年和2012—2016年不同地区间外商直接投资的环境效应进行分析。实证得出，社会过滤对外商直接投资的环境污染效应存在负向调节作用。在2004—2011年，东、中、西部地区社会过滤程度均低于环境污染效应由正转负的临界值，因此三个地区外商直接投资对环境污染均存在正影响；而在2012—2016年，东部地区的社会过滤程度超出临界值，而中、西部地区的社会过滤程度仍然低于临界值，使得东部地区存在外商直接投资环境污染正效应，而中、西部地区仍然存在外商直接投资环境污染负效应。由此表明，社会过滤会影响地区对于外商直接投资的生态溢出的吸收和消化能力，最终影响地区外商直接投资的环境效应水平。

7.2 政策建议

本书通过对党的十八大以来新时代我国外商直接投资的环境效应进行分析，得出了新时代前后外商直接投资环境效应的异同，最终从环境规制引发生态创新溢出、地方官员考核方式转变加强了环境投入、社会过滤程度减轻促进地区绿色创新能力增强三个方面找到了合理的解释机制。据此研究结论，为更好地促进我国经济的健康发展，同时提高我国的生态环境质量，提出以下的政策建议：

7.2.1 严格实施惩罚体系，打击政企暗箱操作

党的十八大以来以及党的十九大都提出实行最严格的生态环境保护制度，建设美丽中国，与此同时，环保部门也成立了环保督查小组，对全国范围内的环境不合格主体实施监督，这些充分表明了中央对环境保护在态度和行动上的

巩固与加强。但是，部分地方政府为了发展本地的经济水平，以及长期的政企关联，一些高能耗、产能过剩的工业项目仍然被不断上马，此外，对于地方工业产值贡献大、税收贡献高的企业，地方政府也会采取睁一只眼闭一只眼的选择性执法；对于一些能带动本地经济、创造大量就业的外资企业，地方政府也采取了相同的策略，这些最终使中央的环境政策"失效"。中央的环保政策要让地方政府不折不扣地执行，不仅需要严厉的环境保护法律法规，同时要改善相关制度，迫使地方政府从被动转向主动来有效执行环境政策。这就要求环保督查经常性、突发性地回头看，推进地方官员责任制，对官企在环保问题上的暗箱操作、官商利益勾结等进行严厉的惩戒。同时，也要积极改变地方政府官员的考核制度，推动考核体系由定性向定量转变，防止地方官员弄虚作假，也能切断企业的政治利益，迫使企业提高污染排放的治理能力。

7.2.2 优化政府引资制度，加大污染处置技术

中国现阶段的外商直接投资主要来自亚洲，包括中国香港以及东南亚国家，显然这些地区的外资企业质量参差不齐，部分企业是我国产能过剩或者是高能耗行业的企业。这些企业流入东道主城市尽管能促进城市经济的发展，创造一批就业，但是也会对地区的环境构成巨大的威胁，甚至严重破坏生态。经过改革开放40多年的发展，我国经济规模和企业竞争力已经有了明显的提升，在未来经济的发展应由数量取胜转向质量优先，过去缺乏资本的状况逐渐改善。因此在引资中应看重外商投资企业的质量，制定外商直接投资的行业准入制度，将环境标准作为外资引进过程中的一个重要考察指标，将一切对东道主地区生态环境有损害的外资企业阻挡在国门外，优化外商直接投资的结构，包括来源地结构、行业结构等。此外，要提高本地企业的社会责任意识以及生态创新水平。现阶段我国企业重产品而忽视污染处理技术的现象非常普遍，大多数企业都停留在"为检查而处理"的行为态度上，研发资本也很少用到环保创新中，导致总体污染水平不减反增。环境污染的治理不仅需要制度上的完善，更需要技术上的升级。政府应该推进科技部门与企业展开污染处理技术的合

作，对通过创新技术解决企业排污问题的企业给予奖励，同时，鼓励社会资本进入节能环保产业领域，推广环保行业企业与生产性企业展开合作，提高污染排放效率。

7.2.3 提高城市发展水平，减轻社会过滤阻力

地方政府引进外资，促进经济发展的同时，也会促进社会进步，而社会进步也会成为反作用于经济与生态环境关系的因素。本书研究发现在经济发达的地区，居民拥有更高的收入，会对生活质量和宜居环境提出更高的要求，同时，伴随着经济增长、市场化开放度提高，城市的科技服务业规模、地区创新要素、人才集聚，以及金融、教育、社会保障均会提高，这些也能推动经济结构的转型。在地区的外商直接投资结构中，第三产业的外商直接投资主要集中在东部沿海地区，第二产业主要集中在中、西部地区，说明随着工业化进程的演变，地区利用外资的结构会发生相应调整，这种通过社会条件的转变促进外资结构变化，进而影响环境的途径是解决外商直接投资“污染天堂”效应的软实力。要积极通过社会进步约束企业对生态环境保护的责任感，同时通过社会要素的增进提高对外商直接投资生态创新溢出的吸收与消化能力，并提升生态创新的扩散力来引导内资企业的污染治理水平。对于中、西部工业环境污染的重灾区及社会过滤的强势区，需要系统考虑合理的经济发展模式，东部地区“先污染后治理”的老路不可取，但又要发展经济提高居民收入水平，因此应该走绿色经济、科技经济的道路，在承接产业转移和引进外资中加大环保门槛，包括污染排放量控制、内外资企业生态创新一对一服务、一票否决制等，让地区经济发展与生态环境协调发展、居民收入与生活质量共同进步，走中国特色的生态文明建设道路。

7.3 未来研究展望

目前关于我国外商直接投资与环境污染关系的理论分析与实证研究已非常丰富，本书考虑新时代背景，通过外商直接投资释放生态创新溢出、官员考

核方式转变、社会过滤变化三个角度对2004—2011年外商直接投资的环境效应进行分析，得出了较为新颖、可靠、与现实相符的结论，不仅有助于新形势下政府部门处理好经济发展与环境保护的关系问题，也为以往学者得出的不一致结论提供解释。但是，由于来自内资企业和外资企业的环境污染无法分解，同时环境污染规模所牵涉到的影响因素很多，并且受统计资料、作者时间、精力的限制，本书的研究成果仍然是较为初步的，在本书的基础上，有望在以下两个方面展开进一步探索。

（1）分析不同来源地和不同产业的外商直接投资对环境污染的影响。本书受统计数据的限制，在研究外商直接投资的环境效应时用工业污染排放量代替环境污染，而外商直接投资则用整体的数据，未进行产业划分。与此同时，由于发达国家与发展中国家本身的环境标准不同，因此来自发达国家与发展中国家的外商直接投资在生产技术、环境处理技术、生态创新能力等方面都会存在显著差距，因此综合来看，分析不同来源地和不同产业外商直接投资的环境效应能帮助制定更加合理的引资政策。

（2）可以进一步寻找其他社会过滤指标，为中、西部地区解决引资和环保这一矛盾性问题提供对策。中国现阶段地区间的发展差距非常明显，东部沿海一些城市已进入发达国家的水平，相反在中、西部一些落后地区，居民的基本生活条件才刚刚获得保障。这也使得各地政府工作重心不同，造成了外商直接投资与环境污染关系的异质。目前重点在于寻找哪些社会条件会阻碍外资企业的生态溢出和抑制地区的环保创新，尽管本书从人均收入、科技人才、金融发展三个角度进行了分析，但这还不够，需要进一步探索能稳步提升经济发展水平的同时生态环保不被破坏的产业发展思路，如发展绿色产业、旅游产业等，而如何通过社会参与、社会意识进步和社会过滤减轻达到这些产业经济比重的提高和居民收入增长是未来政策精准设计的方向。

参 考 文 献

[1] 游达明，杨金辉.公众参与下政府环境规制与企业生态技术创新行为的演化博弈分析[J].科技管理研究，2017，37（12）：1-8.

[2] 颉茂华，王瑾，刘冬梅.环境规制——技术创新与企业经营绩效[J].南开管理评论，2014，17（6）：106-113.

[3] Hamamoto M. Environmental Regulation and the Productivity of Japanese Manufacturing Industries[J]. Resource and Energy Economics，2006，28(4): 299-312.

[4] 马建堂.伟大的实践深邃的理论——学习习近平新时代中国特色社会主义经济思想的体会[J].管理世界，2019，1（1）：1-12.

[5] 裴长洪，刘洪愧.习近平新时代对外开放思想的经济学分析[J].经济研究，2018，2（1）：4-19.

[6] 韩保江.论习近平新时代中国特色社会主义经济思想[J].管理世界，2018，1（3）：25-38.

[7] 徐忠.新时代背景下中国金融体系与国家治理体系现代化[J].经济研究，2018，7（1）：4-20.

[8] 刘伟，蔡志洲.新时代中国经济增长的国际比较及产业结构升级[J].管理世界，2018，1（2）：16-24.

[9] 王延中，宁亚芳.新时代民族地区决胜全面小康社会的进展、问题及对策——基于2013—2016年民族地区经济社会发展问卷调查的分析[J].管理世界，2018，1（4）：39-52.

[10] 祁毓，陈建伟，李万新，等.生态环境治理、经济发展与公共服务供给——

来自国家重点生态功能区及其转移支付的准实验证据[J].管理世界，2019，1（8）：115-134，227-228.

[11] Walter I, Ugelow J. Environmental Policies in Developing Countries[J]. Ambio, 1979, 8(2/3): 102-109.

[12] Copeland B R, Taylor M S. Trade, Growth and Environment[J]. Journal of Economic Literature, 1994(42): 7-17.

[13] Markusen J R. Foreign Direct Investment as a Catalyst for Industrial Development[J]. European Economic Review, 1999(42): 335-356.

[14] List J A, Co C Y. The Effects of Environmental Regulations on Foreign Direct Investment[J]. Journal of Environmental Economics and Management, 2000(40): 1-20.

[15] 傅京燕，李丽莎.FDI、环境规制与污染避难所效应——基于中国省级数据的经验分析[J].公共管理学报，2010，7（3）：65-74.

[16] 李国平，杨佩刚，宋文飞，等.环境规制、FDI与“污染避难所”效应——中国工业行业异质性视角的经验分析[J].科学学与科学技术管理，2013，34（10）：122-129.

[17] 彭可茂，席利卿，雷玉桃.中国工业的污染避难所区域效应——基于2002—2012年工业总体与特定产业的测度与验证[J].中国工业经济，2013（10）：44-56.

[18] Ren S, Yuan B, Ma X, et al. International Trade, FDI (Foreign Direct Investment) and embodied CO_2 emissions: A case study ofChinas industrial sectors[J]. China Economic Review, 2014(28): 123-134.

[19] Taylor M S. Unbundling the Pollution Haven Hypothesis in Fullerton[C]//The Economics of Pollution Havens, Elgar Publishers, 2006.

[20] Antweiler W, Copeland B R, Taylor M S. Is Free Trade Good For the Environment?[J]. American Economic Review, 2001(4): 877-908.

[21] Liang F H. Does Foreign Direct Investment Harm the Host Country's Environment? Evidence from China[M]. Social Science Electronic Publishing,

2006.

[22] 张宇，蒋殿春.FDI、环境监管与工业大气污染——基于产业结构与技术进步分解指标的实证检验[J].国际贸易问题，2013（7）：102-118.

[23] 聂飞，刘海云.FDI、环境污染与经济增长的相关性研究——基于动态联立方程模型的实证检验[J].国际贸易问题，2015（2）：72-83.

[24] Eskeland G A, Harrison A E. Moving to Greener Pastures? Multinationals and the Pollution Haven Hypothesis[J]. Journal of Development Economics, 2003, 70(1): 1-23.

[25] Frankel J A, Rose A K. Is Trade Good or Bad for the Environment? Sorting out the Causality[J]. The Review of Economics and Statistics, 2005, 87(1): 85-91.

[26] Beckerman W. Economic Growth and the Environment: Whose Growth? Whose Environment?[J]. World Development, 1992(20): 81-496.

[27] Panayotou T. Demystifying the Environmental Kuznets Curve: Turning a Black Box into a Policy Tool[J]. Environment & Development Economics,1997, 2(4): 465-484.

[28] Dinda S. Environmental Kuznets Curve Hypothesis: A Survey[J]. Ecological Economics, 2004(49): 431-455.

[29] Grossman G M, Krueger A B. Economic Growth and the Environment[J]. The Quarterly Journal of Economics, 1995, 110(2): 353-377.

[30] Konisky D M. Regulatory Competition and Environmental Enforcement: is There a Race to the Bottom?[J]. American Journal of Political Science, 2007, 51(4): 853-872.

[31] Kunce M, Shogren J F. Destructive Interjurisdictional Competition: Firm, Capital and Labor Mobility in a Model of Direct Emission Control[J]. Ecological Economics, 2007, 60(3): 543-549.

[32] 姜珂，游达明.基于央地分权视角的环境规制策略演化博弈分析[J]. 中国人口•资源与环境，2016，26（9）：139-148.

[33] 周黎安.中国地方官员的晋升锦标赛模式研究[J].经济研究，2007（7）：

36-50.

[34] 邓玉萍，许和连.外商直接投资、地方政府竞争与环境污染——基于财政分权视角的经验研究[J]. 中国人口•资源与环境，2013，23（7）：155-163.

[35] 刘建民，陈霞，吴金光.财政分权、地方政府竞争与环境污染——基于272个城市数据的异质性与动态效应分析[J].财政研究，2015（9）：36-43.

[36] 覃成林，任建辉.社会过滤与经济增长关系研究进展[J].经济学动态，2016（9）：115-123.

[37] Rodríguez-Pose A. Innovation Prone and Innovation Averse Societies: Economic Performance in Europe[J]. Growth & Change,1999, 30(1): 74-105.

[38] M Scarlato. Innovation, Socio-institutional Conditions and Economic Growth in the Italian Regions[J].Regional Studies,2013, 49(9): 1514-1534.

[39] Smith N, Thomas E. Socio-Institutional Environment and Innovation in Russia[J]. Journal of East-West Business, 2015, 21(3): 182-204.

[40] Navarro M. Patternsof Innovation in EU-25 Regions: A Typology and Policy Recommendations[J]. Environment and Planning C: Government and Policy, 2009,27(5):815-840.

[41] Crescenzi R, Rodríguezpose A, Storper M. The Territorial Dynamics of Innovation in China and India[J]. Journal of Economic Geography, 2012, 12(5): 1055-1085.

[42] Khalil S, Inam Z. Is Trade Good for Environment? A Unit Root Cointegration Analysis[J]. The Pakistan Development Review, 2006(45): 1187-1196.

[43] He J. Pollution Haven Hypothesis and Environmental Impacts of Foreign Direct Investment: The Case of Industrial Emission of Sulfur Dioxide (SO_2) in Chinese Provinces[J]. Ecological Economics, 2006(60): 228-245.

[44] Jorgenson A K, Dick C, Mahutga M C. Foreign Investment Dependence and the Environment: An Ecostructural Approach[J]. Social Problems, 2007, 54(3): 371-394.

[45] Levinson A, Taylor M S. Unmasking the Pollution Haven Effect[J].

International Economic Review, 2008, 49(1): 223-254.

[46] Baek J, Koo W W. The Environmental Consequences of Globalization: A Country-specific Time-series Analysis[J]. Ecological economics, 2009, 68(8): 2255-2264.

[47] Kim H S, Bael J. The Environmental Consequences of Economic Growth Revisited[M]. Economics Bulletin, 2011, 31(2): 1198-1211.

[48] Cole M A, Elliott R J R, Zhang J. Growth, Foreign Direct Investment, and the Environment: Evidence from Chinese Cities[J]. Journal of Regional Science, 2011, 51(1): 121-138.

[49] Chung S. Environmental Regulation and the Pattern of Outward FDI:an Empirical Assessment of the Pollution Haven Hypothesis[J]. Departmental Working Papers, 2012, 47(2): 463-467.

[50] Omri A, Nguyen D K, Rault C. Causal Interactions Between CO_2 Emissions, FDI, and Economic Growth: Evidence from Dynamic Simultaneous-equation Models[J]. Economic Modeling, 2014(42): 382-389.

[51] Wang T, Chen Y. Foreign Direct Investment, Institutional Development, and Environmental Externalities: Evidence from China[J]. Journal of Environmental Management, 2014(135): 81-90.

[52] Bu M, Wagner M. Racing to the Bottom and Racing to the Top: the Crucial Role of Firm Characteristics in Foreign Direct Investment Choices[J]. Journal of International Business Studies, 2016, 47(9): 1032-1057.

[53] 胡小娟，赵寒.中国工业行业外商投资结构的环境效应分析——基于工业行业面板数据的实证检验[J].世界经济研究，2010（7）：55-63.

[54] 沈坤荣，王东新.外商直接投资的环境效应测度——基于省际面板数据的实证研究[J].审计与经济研究，2011，26（2）：89-96.

[55] 周力，李静.外商直接投资与$PM_{2.5}$空气污染——基于中国数据的“污染避难所”假说再检验[J].国际经贸探索，2015，31（12）：98-111

[56] 朱东波，任力.环境规制、外商直接投资与中国工业绿色转型[J].国家贸易

探索，2017（11）：70-81.

[57] 龚梦琪，刘海云. 中国工业行业双向FDI的环境效应研究[J]. 中国人口•资源与环境，2018（3）：128-138.

[58] Wang H, Jin J H. Ownership and Industrial Pollution Control: Evidence from China[C]//Hua Wang. Annual Conference of American Agricultural Economies Association, 2002.

[59] Grg H, Greenaway D. Much Ado about Nothing? Do Domestic Firms Really Benefit from Foreign Direct Investment[J]. World Bank Research Observer, 2004, 19(2): 171-197.

[60] Girma S Y, Gong H. Foreign Direct Investment, Access to Finance and Innovation Activity in Chinese Enterprises[J]. The World Bank Economic Review, 2008, 22(2): 367-382.

[61] Eastin J, Zeng K. Are Foreign Investors Attracted to Pollution Havens in China?[R]. Mimeo, British Inter-University China Centre, UK, 2009.

[62] Albornoz F, Cole M A, Elliott R J R, et al. In Search of Environmental Spillovers[J]. The World Economy, 2009, 32(1): 136-163.

[63] Perkins R, Neumayer E. Do Recipient Country Characteristics Affect International Spillovers of CO_2-efficiency Via Trade and Foreign Direct Investment?[J]. Climatic Change,2012, 112(2): 469-491.

[64] Dong B M, Gong J, Zhao X. FDI and Environmental Regulation: Pollution Haven or a Race to the Top?[J]. Journal of Regulatory Economics, 2012, 41(2): 216-237.

[65] Asghari M. Does FDI Promote MENA Region's Environment Quality? Pollution Halo or Pollution Haven Hypothesis[J]. International Journal of Scientific Research in Environmental Sciences, 2013, 1(6): 92-100.

[66] Liang F H. Does Foreign Direct Investment Harm the Host Country's Environment? Evidence from China[J].Current Topics in Management, 2014(17): 105-121.

[67] 许和连，邓玉萍.外商直接投资导致了中国的环境污染吗？——基于中国省际面板数据的空间计量研究[J].管理世界，2012（2）：30-43.

[68] 王艳丽.外商直接投资、产业内技术溢出与碳排放强度——基于不同耗能产业组的比较研究[J].科技管理研究，2015，338（16）：236-242.

[69] 贺培，刘叶.FDI对中国环境污染的影响效应——基于地理距离工具变量的研究[J].中央财经大学学报，2016（6）：79-86.

[70] 秦晓丽，于文超.外商直接投资、经济增长与环境污染——基于中国259个地级市的空间面板数据的实证研究[J].宏观经济研究，2016（6）：127-135.

[71] 李力，唐登莉，孔英，等.FDI对城市雾霾污染影响的空间计量研究——以珠三角地区为例[J].管理评论，2016，28（6）：11-24.

[72] 郑强，冉光和，邓睿，等.中国FDI环境效应的再检验[J]. 中国人口•资源与环境，2017，27（4）：78-86.

[73] 李金凯，程立燕，张同斌.外商直接投资是否具有“污染光环”效应?[J].中国人口资源与环境，2017，27（10）：74-83.

[74] Panayotou T. Globalization and Environment[J]. Center for International Development Working Paper, 2000(53): 517-520.

[75] Chew G L. Foreign Direct Investment，Pollution and Economic Growth: Evidence from Malaysia[J]. Applied Economics, 2009, 41(13): 1709-1716.

[76] Song L G, Woo W T. China's Dilemma: Economic Growth, the Environment and Climate Change[M]. Washington DC: Brookings Institution Press, 2008.

[77] Bao Q, Chen Y, Song L. Foreign Direct Investmentand Environmental PollutioninChina: a Simultaneous Equations Estimation[J]. Environmentand Development Economics, 2011, 16(1): 71-92.

[78] Pao H T, Tsai C M. Multivariate Granger Causality between CO_2 Emissions, Energy Consumption, FDI and GDP: Evidence from a Panel of BRIC Countries[J]. Energy, 2011, 36(1): 685-693.

[79] Sapkota P, Bastola U. Foreign Direct Investment, Income, and Environmental Pollution Indeveloping Countries: Paneldata Analysis of Latin America[J].

Energy Economics, 2017(64): 206-212.

[80] 李子豪，刘辉煌.外商直接投资的环境门槛效应研究——中国省级数据的检验[J].管理评论，2013，25（9）：108-116.

[81] 计志英，毛杰，赖小锋.FDI 规模对我国环境污染的影响效应研究——基于30个省级面板数据模型的实证检验[J].世界经济研究，2015（3）：56-65.

[82] 刘渝琳，郑效晨，王鹏.FDI与工业污染排放物的空间面板模型分析[J].管理工程学报，2015（2）：142-148.

[83] 张学刚，钟茂初.外商直接投资与环境污染——基于联立方程的实证研究[J].财经科学，2010（10）：110-117.

[84] 刘舜佳.外商直接投资环境效应的空间差异性研究——基于非物化型知识溢出角度[J].世界经济研究，2016（1）：121-135.

[85] 刘飞宇，赵爱清.外商直接投资对城市环境污染的效应检验——基于我国285个城市面板数据的实证研究[J].国际贸易问题，2016（5）：130-141.

[86] Lucas R E. On the Mechanics of Economic Development[J]. Journal of Monetary Economics, 1988(22): 3-42.

[87] Romer P M. Endogenous Technological Change[J]. Journal of Political Economy, 1990, 98(5):71-102.

[88] Cheung K Y, Lin P. Spillover Effects of FDI on Innovation in China: Evidence from Provincial Data[J]. China Economic Review, 2004, 15(1): 25-44.

[89] Hu A G, Gary J. A Great Wall of Patents: What is Behind China's Recent Patent Explosion?[J]. Journal of Development Economics, 2009, 90(1): 57-68.

[90] 桑瑞聪，岳中刚.外商直接投资与区域创新能力[J].国际经贸探索，2011，27（10）：40-45.

[91] 李晓钟，张培.FDI对我国高技术行业技术创新能力与市场转换能力影响研究[J].国际经济合作，2016（11）：80-85.

[92] 张文菲，金祥义.外商直接投资能否改善我国企业创新？——来自省级面板数据的经验证明[J].投资研究，2017（7）：127-137.

[93] 刘鹏，张运峰.产业集聚、FDI与城市创新能力——基于我国264个地级市

数据的空间杜宾模型[J].华东经济管理，2017，31（5）：56-65.

[94] Salvador B, Eric S. Foreign Direct Investment and Productivity Spillovers: Evidence from the Spanish Experience[J]. Weltwirtschaftliches Archiv, 2002, 138(3): 459-491.

[95] Ruane F, Ugur A. Foreign Direct Investment and Productivity Spillovers in Irish Manufacturing Industry: Evidence From Plant Level Panel Data[J]. International Journal of The Economics of Business, 2005, 12(1): 53-66.

[96] 周贝.外商直接投资对我国区域自主创新能力的影响——广东省21市面板数据的实证考察[J].科技创业月刊，2017，30（18）：74-76.

[97] 李健，卫平，张玲玉.外商直接投资规模、进入速度与区域创新能力——基于中国省际动态面板模型的实证分析[J].经济问题探索，2017（2）：53-61.

[98] AitkenB J, Harrison A E. Do Domestic Firms Benefit from Direct Foreign Investment?[J]. American Economic Review, 1999, 89(3): 605-618.

[99] Henny R, Manuel A. Determinants of Innovation Capability in Small Electronics and Software Firms in Southeast England[J]. Rearch Policy, 2002(31): 1053-1067.

[100] 祝丽芳，徐春耦.外商直接投资知识溢出与区域创新——基于面板数据的实证研究[J].科技广场，2010（1）：47-50.

[101] 王聪，冯琰，朱先奇，刘玎琳.FDI技术溢出“门槛效应”研究——基于山西省面板数据[J].经济问题，2016（8）：103-108.

[102] Alfaro L, et al. FDI Spillovers, Financial Markets, and Economic Development[M]. Social Science Electronic Publishing, 2006.

[103] 李晓钟，张小蒂.外商直接投资对我国技术创新能力影响及地区差异分析[J].中国工业经济，2008（9）：88-98.

[104] 张士杰，毛雅琦.外商直接投资对技术创新的影响及其地区差异性研究——基于省际面板数据的实证分析[J].南京财经大学学报，2017（2）：36-44.

[105] 李政，杨思莹，何彬.FDI抑制还是提升了中国区域创新效率?——基于省

际空间面板模型的分析[J].经济管理，2017（4）：6-19.

[106] Dieter M U. FDI, Technology Spillovers, and Wages[J]. Review of International Economics, 2010, 18(3): 443-453.

[107] 鲁钊阳，廖杉杉.FDI技术溢出与区域创新能力差异的双门槛效应[J].数量经济技术经济研究，2012（5）：75-88.

[108] 冉光和，徐鲲，鲁钊阳.金融发展、FDI对区域创新能力的影响[J].科研管理，2013（7）：45-52.

[109] 李健，付军明，卫平.FDI溢出、人力资本门槛与区域创新能力——基于中国省际面板数据的实证研究[J].贵州财经大学学报，2016（1）：10-18.

[110] 左勇华，黄吉焱.不同FDI 进入方式对区域创新能力影响研究——基于市场化程度差异视角[J].科技管理研究，2017（6）：85-91.

[111] 李子豪.腐败如何影响外商直接投资技术溢出[J].中国软科学，2017（1）：161-174.

[112] Mericana Y, Yusopb Z, Noorc Z M, et al. Foreign Direct Investment and the Pollution in Five ASEAN Nations[J]. International Journal of Economics and Management, 2007, 1(2): 245-261.

[113] Andonova L B. Openness and the Environment in Central and Eastern Europe: Can Trade and Foreign Investment Stimulate Better Environmental Management in Enterprises?[J]. The Journal of Environment Development, 2003, 12(2): 177-204.

[114] Chudnovsky D, Pupato G. Environment almanagement and innovation in Argentine industry: Determinants and Policy Implications[M]. BuenosAires: CENIT, Mimeo, 2005.

[115] 陈媛媛，李坤望.中国工业行业SO_2排放强度因素分解及其影响因素——基于FDI产业前后向联系的分析[J].管理世界，2010（3）：14-21.

[116] 毕克新，杨朝均，黄平.FDI对我国制造业绿色工艺创新的影响研究——基于行业面板数据的实证分析[J].中国软科学，2011（9）：172-180.

[117] 贾军.外商直接投资与东道国绿色技术创新能力关联测度分析[J].科技进

步与对策，2015（9）：121-127.

[118] 李国祥，张伟.环境规制条件下绿色技术创新的国际资本和贸易渠道研究[J].科技管理研究，2016（24）：15-20.

[119] 李斌，彭星，陈柱华.环境规制、FDI与中国治污技术创新——基于省际动态面板数据的分析[J].财经研究，2011，37（10）：92-102.

[120] 陈勇阳.外商直接投资对中国工业环境技术效率的影响研究[D].广州：华南理工大学，2016.

[121] 刘斌斌，黄吉焱.FDI进入方式对地区绿色技术创新效率影响研究——基于环境规制强度差异视角[J].当代财经，2017（4）：89-98.

[122] Stewart R B. Pyramids of Sacrifice? Problems of Federalism in Mandating State Implementation of National Environmental Policy[J].Yale Law Journal, 1977, 86(6): 1196-1272.

[123] Sigman H. Decentralization and Environmental Quality: an International Analysis of Water Pollution Levels and Variation[J]. Land Economics, 2014, 90(1): 114-130.

[124] Islam A M, Lopez R E. Government Spending and Air Pollution in the US[J]. International Review of Environmental and Resource Economics, 2014(8): 139-189.

[125] Zhang K, Zhang Z Y, Liang Q M. An Empirical Analysis of the Green Paradox in China: from the Perspective of Fiscal Decentralization[J]. Energy Policy, 2017(103): 203-211.

[126] Oates W E, Schwab R M. The Window Tax: a Case Study in Excess Burden[J]. Journal of Economic Perspectives, 2015, 29(1): 163-180.

[127] Millimet D L. Assessing the Empirical Impact of Environmental Federalism[J]. Journal of Regional Science, 2003, 43(43): 711-733.

[128] Garcia V M. What Level of Decentralization is Better in Environmental Context? An Application to Kater Policies[J]. Environmental Resource, 2007, 38(2): 213-229.

[129] 刘津汝.财政分权、外商直接投资与污染避难所假说——基于省级动态面板数据的研究[J].统计与信息论坛，2011（28）：60-65.

[130] 李子豪，刘辉煌.外商直接投资、地区腐败与环境污染——基于门槛效应的实证研究[J].国际贸易问题，2013（7）：50-61.

[131] 史青.外商直接投资、环境规制与环境污染——基于政府廉洁度的视角[J].财贸经济，2013（1）：93-103.

[132] 许和连，邓玉萍.外商直接投资与资源环境绩效的实证研究[J].数量经济技术经济研究，2014（1）：3-22.

[133] 叶宏庆，宋一弘.环境污染、政府规制与引资竞争[J].亚太经济，2014（3）：98-104.

[134] 马春文，武赫.地方政府竞争与环境污染[J].财经科学，2016（8）：93-101.

[135] 刘海云，龚梦琪.环境规制与外商直接投资对碳排放的影响[J].城市问题，2017（7）：67-73.

[136] 刘胜，顾乃华.官员治理、外商直接投资与地区环境污染——基于官员激励及其异质性视角[J].经济体制改革，2017（2）：24-30.

[137] 李斌，祁源，李倩.财政分权、FDI与绿色全要素生产率——基于面板数据动态GMM方法的实证检验[J].国际贸易问题，2016（7）：119-129.

[138] 苏振东，周玮庆.外商直接投资对中国环境的影响与区域差异——基于省际面板数据和动态面板数据模型的异质性分析[J].世界经济研究，2010（6）：63-69.

[139] 陆亚琴.外国直接投资对我国环境的区域影响研究——以工业废气排放为指标[J].经济问题探索，2011（2）：175-178.

[140] 郑效晨，刘渝琳.FDI、人均收入与环境效应[J].财经科学，2012（5）：79-88.

[141] 周力，李静.外商直接投资与$PM_{2.5}$空气污染——基于中国数据的“污染避难所”假说再检验[J].国际经贸探索，2015，31（12）：98-111.

[142] 曾慧.外商直接投资环境效应及区域差异研究——基于面板模型的实证分析[J].国际商务研究，2016（2）：87-96.

[143] 施震凯，邵军，王美昌.外商直接投资对雾霾污染的时空传导效应——基

于SpVAR模型的实证分析[J].国际贸易问题，2017（9）：107-117.

[144] 贺文华.FDI的“污染天堂假说”检验：基于中国东部和中部的证据[J].当代财经，2010（6）：99-105.

[145] 初善冰，黄安平.外商直接投资对区域生态效率的影响——基于中国省际面板数据的检验[J].国际贸易问题，2011（11）：128-144.

[146] 冷艳丽，冼国明，杜思正.外商直接投资与雾霾污染——基于中国省际面板数据的实证分析[J].国际贸易问题，2015（12）：74-84.

[147] Hale G, Long C X. FDI Spillovers and Firm Ownership in China: Labor Markets and BackwardLinkages[R]. Federal Reserve Bank of San Francisco Working Paper, 2006.

[148] Cole M A, Fredriksson P G. Institutionalized Pollution Havens[J]. Ecological Economics, 2009(68): 1239-1256.

[149] 杨杰，卢进勇.外商直接投资对环境影响的门槛效应分析——基于中国247个城市的面板数据研究[J].世界经济研究，2014（8）：81-87.

[150] 张鹏，陈卫民，李雅楠.外商直接投资、市场化与环境污染——基于1998—2009年我国省际面板数据的经验研究[J].国际贸易问题，2013（6）：88-97.

[151] 吴凌芳.外商直接投资、政府行政效率与环境污染关系分析[J].商业经济研究，2015（18）：33-35.

[152] 金淳.外商直接投资、经济发展水平与环境污染的关系——基于2003—2013年中国省际面板数据的经验研究[J].天津师范大学学报（自然科学版），2017，37（5）：75-80.

[153] 王晓红，沈家文.我国利用外商直接投资的现状与趋势展望[J].国际贸易，2015（2）：41-48.

[154] 李蕊.“十二五”时期中国利用外资状况及“十三五”战略选择[J].全球化，2016（1）：83-96.

[155] 周牛贤.我国环境保护的发展历程与成效[J].中国有色建设，2013，41（14）：10-13.

[156] 于洪亮.浅析我国环境保护的发展历程[J].城市建设理论研究（电子版），2013（7）：1-9.

[157] Ford J A , Steen J, Verreynne M L. How Environmental Regulations Affect Innovation in the Australian Oil and Gas Industry: Going Beyond the Porter Hypothesis[J]. Journal of Cleaner Production, 2014, 84(1): 204-213.

[158] Yang F, Yang M. Analysis on China's Eco-innovations: Regulation Context, Intertemporal Change and Regional Differences[J].European Journal of Operational Research, 2015, 247(3): 1003-1012.

[159] 原毅军，谢荣辉.FDI、环境规制与中国工业绿色全要素生产率增长——基于Luenberger指数的实证研究[J].国际贸易问题，2015（8）：84-93.

[160] 曾义，冯展斌，张茜.地理位置、环境规制与企业创新转型[J].财经研究，2016，42（9）：87-98.

[161] 陈雨柯.政分权下“强波特假说”的再验证——企业环保创新和非环保创新的视角[J].商业研究，2018（1）：143-152.

[162] 谢荣辉.环境规制、引致创新与中国工业绿色生产率提升[J].产业经济研究，2017（2）：38-48.

[163] 傅强，马青，Bayanjargal S.地方政府竞争与环境规制：基于区域开放的异质性研究[J].中国人口•资源与环境，2016，26（3）：69-75.

[164] 张华.“绿色悖论”之谜：地方政府竞争视角的解读[J].财经研究，2014（12）：114-127.

[165] 罗能生，王玉泽.财政分权、环境规制与区域生态效率——基于动态空间杜宾模型的实证研究[J]. 中国人口•资源与环境，2017，27（4）：110-118.

[166] Wei S, et al. Will Chinese System of Fiscal Decentralization Inhibit the Environmental Investment?[J]. American Journal of Industrial & Business Management, 2016, 6(4): 439-443.

[167] 岳金桂，陆晓晨.地方政府竞争、土地价格与外商直接投资——基于69个地级市面板数据的分析[J].南京审计学院学报，2018（2）：35-45.

[168] 朱平芳，张征宇，姜国麟.FDI与环境规制：基于地方分权视角的实证研

究[J].经济研究，2011（6）：133-145.

[169] 王艳丽，钟奥.地方政府竞争、环境规制与高耗能产业转移——基于“逐底竞争”和“污染避难所”假说的联合检验[J].山西财经大学学报，2016，38（8）：46-54.

[170] Tiebout C M. A Pure of Local Expenditures[J]. Journal of Political Economy, 1956(64): 416-424.

[171] 施建华，曹林峰.官员晋升制度转变、污染排放与企业生产——基于江苏省纺织和电子加工行业企业的数据分析[J].江南大学学报，2017，16（3）：106-112.

[172] 白金山.从“GDP”依赖到“居民福利最大化”：地方政府官员晋升与财政支出偏向的实证研究[J].贵州社会科学，2017（10）：120-126.

[173] Acs Z J, Braunerhjel M P, Audretsch D B. The Knowledge Spillover Theory of Entrepreneurship[J]. Small Business Economics, 2009, 32(1): 15-30.

[174] Audretsch D B. Entrepreneurship Capital and Its Impact on Knowledge Diffusion and Economic Performance[J]. Journal of Business Venturing, 2008, 23 (6): 687-698.

[175] Capello R, Caragliu A, Nijkamp P. Territorial Capital and Regional Growth: Increasingreturns in Knowledge use [J]. Tijdschrift Voor Economische En_sociale Geografic, 2011, 102(4): 385-405.

[176] Bilbao-Osorio B, Rodríguez-Pose A. From R&D to Innovation and Economic Growth in the EU[J]. Fernando Manero Miguel, 2004, 35(4): 27-54.

[177] Crescenzi R. Innovation and Regional Growth in the Enlarged Europe: The Role of Local Innovative Capabilities, Peripherality, and Education[J]. Growth & Change, 2010, 36(4): 471-507.

[178] Rodríguez Pose A, Crescenzi R. Research and Development, Spillovers, InnovationSystems, and the Genesis of Regional Growth in Europe[J]. Regional Studies, 2008, 42(1): 51-67.

[179] 李溪莹，任旭红，蔡天德.运用《职业病防治法》加强对外资企业的职业卫生管理[C].中华预防医学会学术年会，2002.

[180] 耿曙，陈玮.政企关系、双向寻租与中国的外资奇迹[J].社会学研究，2015（5）：141-163.

[181] 张伟，高霞.外商投资、创新能力与环境效率的结构方程分析：以山东为例[J].中国软科学，2012（3）：170-180.

附　录

附表1 外商直接投资环境效应的技术创新溢出分析I

时期	2004—2011年		2012—2016年	
因变量	ln*innov*	ln*wa_water*	ln*innov*	ln*wa_water*
列	（1）	（2）	（3）	（4）
ln*fdi*	0.041***		−0.027**	
	（0.001）		（0.023）	
ln*innov*		0.088***		−0.024
		（0.000）		（0.469）
ln*add*	0.767***	0.859***	−0.015	−0.030
	（0.000）	（0.000）	（0.826）	（0.703）
uis	1.696***	1.201***	2.793***	0.289**
	（0.000）	（0.000）	（0.000）	（0.038）
ln*pgdp*	−0.078	−0.417***	−0.230**	−0.169**
	（0.400）	（0.000）	（0.050）	（0.040）
er	0.044	0.085	0.113*	0.033
	（0.521）	（0.166）	（0.092）	（0.686）
ln*fex*	0.112*	−0.243***	−0.047	0.019
	（0.062）	（0.000）	（0.204）	（0.660）
constant	−5.419***	−6.911***		
	（0.000）	（0.000）		
*W*2×ln*innov*	0.897***	−0.186***	1.466***	−0.024
	（0.000）	（0.000）	（0.000）	（0.811）
*W*2×ln*fdi*	−0.604***		0.002	
	（0.000）		（0.970）	

（续表）

时期	2004—2011年		2012—2016年	
因变量	ln*innov*	ln*wa_water*	ln*innov*	ln*wa_water*
列	(1)	(2)	(3)	(4)
***W*2**×ln*wa_water*		1.237***		1.015***
		(0.000)		(0.000)
N	2048	2048	1280	1280

注：地理相邻空间权重。

附表2 外商直接投资环境效应的技术创新溢出分析II

时期	2004—2011年			2012—2016年		
因变量	ln*innov*1	ln*innov*2	ln*wa_water*	ln*innov*1	ln*innov*2	ln*wa_water*
列	(1)	(2)	(3)	(4)	(5)	(6)
ln*fdi*	0.112***	0.042		−0.203***	0.046**	
	(0.001)	(0.681)		(0.003)	(0.010)	
ln*innov*1			0.012*			0.001
			(0.093)			(0.862)
ln*innov*2			0.002			−0.001**
			(0.441)			(0.017)
ln*add*	1.638***	0.659	0.952***	−0.148	1.443	−0.034
	(0.000)	(0.520)	(0.000)	(0.697)	(0.184)	(0.664)
uis	−4.562***	0.124	−1.394***	−3.568**	4.200	0.399
	(0.000)	(0.967)	(0.000)	(0.048)	(0.334)	(0.332)
ln*pgdp*	0.286*	−1.715*	−0.459***	1.554**	−3.700**	0.114
	(0.061)	(0.066)	(0.000)	(0.012)	(0.014)	(0.394)
er	−1.394***	9.973***	0.101	−4.132***	20.964***	0.043
	(0.000)	(0.000)	(0.131)	(0.000)	(0.000)	(0.640)
ln*fex*	−0.402***	−0.816*	−0.272***	0.268	−0.664	0.012
	(0.004)	(0.087)	(0.000)	(0.203)	(0.276)	(0.782)
constant	−13.550***		−7.412***			
	(0.000)		(0.000)			

（续表）

时期	2004—2011年			2012—2016年		
因变量	ln*innov*1	ln*innov*2	ln*wa_water*	ln*innov*1	ln*innov*2	ln*wa_water*
列	（1）	（2）	（3）	（4）	（5）	（6）
***W*2×ln*innov*1**	0.632***		−0.117***	−0.134		−0.014
	（0.009）		（0.001）	（0.757）		（0.833）
***W*2×ln*innov*2**		0.078	−0.023		−0.143	−0.018
		（0.767）	（0.225）		（0.703）	（0.351）
W*2×ln*fdi	−0.505***	0.457		0.616**	0.103	
	（0.001）	（0.394）		（0.036）	（0.911）	
W*2×ln*wa_water			1.236***			1.058***
			（0.000）			（0.000）
N	2048	2048	2048	1280	1280	1280

注：地理距离空间权重。

附表3 外商直接投资环境效应的技术创新溢出分析I

时期	2004—2011年		2012—2016年	
因变量	ln*innov*	ln*wa_water*	ln*innov*	ln*wa_water*
列	（1）	（2）	（3）	（4）
ln*fdi*	0.045**		−0.056***	
	（0.029）		（0.000）	
ln*innov*		0.084***		−0.037
		（0.000）		（0.231）
ln*add*	1.033***	0.952***	0.221***	−0.031
	（0.000）	（0.000）	（0.002）	（0.709）
uis	−2.745***	−1.524***	−0.601*	1.888***
	（0.000）	（0.000）	（0.065）	（0.000）
ln*pgdp*	−0.213**	−0.390***	0.823***	−0.078
	（0.021）	（0.000）	（0.000）	（0.562）
er	−0.040	0.092	0.190**	0.095
	（0.591）	（0.140）	（0.011）	（0.260）

（续表）

时期	2004—2011年		2012—2016年	
因变量	ln*innov*	ln*wa_water*	ln*innov*	ln*wa_water*
列	（1）	（2）	（3）	（4）
ln*fex*	0.041	−0.283***	0.049	−0.009
	（0.446）	（0.000）	（0.231）	（0.840）
constant	−9.297***	2.275***		
	（0.000）	（0.001）		
W 3×ln*innov*	0.471***	−0.142***	0.410***	−0.013
	（0.000）	（0.000）	（0.000）	（0.845）
W 3×ln*fdi*	−0.023		−0.019	
	（0.439）		（0.570）	
W 3×ln*wa_water*		0.021		0.476***
		（0.801）		（0.000）
N	2048	2048	1280	1280

注：经济距离空间权重。

附表4 外商直接投资环境效应的技术创新溢出分析II

因变量	2004—2011年			2012—2016年		
因变量	ln*innov*1	ln*innov*2	ln*wa_water*	ln*innov*1	ln*innov*2	ln*wa_water*
列	（1）	（2）	（3）	（4）	（5）	（6）
ln*fdi*	0.071*	−0.060		−0.147**	0.069**	
	（0.068）	（0.343）		（0.019）	（0.047）	
ln*innov*1			0.013*			0.002
			（0.084）			（0.731）
ln*innov*2			0.002			−0.001*
			（0.469）			（0.073）
ln*add*	1.514***	0.502**	1.021***	−0.108	1.275	−0.038
	（0.000）	（0.023）	（0.000）	（0.774）	（0.236）	（0.642）
uis	−4.521***	0.001	−1.647***	−2.004	3.970	1.997***
	（0.000）	（0.999）	（0.000）	（0.160）	（0.317）	（0.000）

（续表）

因变量	2004—2011年			2012—2016年		
因变量	ln*innov*1	ln*innov*2	ln*wa_water*	ln*innov*1	ln*innov*2	ln*wa_water*
列	（1）	（2）	（3）	（4）	（5）	（6）
ln*pgdp*	0.484***	−0.374*	−0.501***	1.393***	−3.261**	−0.141
	（0.002）	（0.097）	（0.000）	（0.008）	（0.023）	（0.231）
er	−1.487***	2.222***	0.115*	−4.059***	20.615***	0.115
	（0.000）	（0.000）	（0.092）	（0.000）	（0.000）	（0.231）
ln*fex*	−0.167*	−0.424**	−0.307***	0.213	−0.526	−0.012
	（0.092）	（0.014）	（0.000）	（0.312）	（0.381）	（0.786）
constant	−17.366***	0.866	2.556***			
	（0.000）	（0.535）	（0.000）			
W3×ln*innov*1	0.029		−0.021	−0.030		−0.002
	（0.712）		（0.240）	（0.824）		（0.939）
W3×ln*innov*2		0.100	−0.002		−0.263***	0.003
		（0.228）	（0.753）		（0.010）	（0.566）
W3×ln*fdi*	0.005	−0.019		−0.029	1.277***	
	（0.945）	（0.880）		（0.867）	（0.010）	
W3×ln*wa_water*			0.002			0.473***
			（0.984）			（0.000）
N	2048	2048	2048	1280	1280	1280

注：经济距离空间权重。